당신은
당신을
싫어하나요?

당신은
당신을
싫어하나요?

삶에 지쳐
자기 자신마저
미워하게 된
사람들을 위한 책

맨탈 닥터 시도 지음
이정은 옮김

홍익출판 미디어그룹

들어가며

"모두 이렇게 열심히 사는데 왜 나만 열심히 살 수 없을까?"

"나를 알아주는 사람이 없어 너무 외롭다…"

"어떤 말을 해도 파트너의 말과 행동이 바뀌지를 않는다…"

이 책은 매일 이런저런 고민이 사라지지 않아 사는 일에 고달픔을 느끼는 사람들을 위해 쓴 것입니다. 고민에는 여러 가지가 있습니다. 자기긍정감의 저하, 신경과민, 예민함, 우울증, 좌절감…….

이런저런 마음의 고통과 관련된 말들을 자주 접하게 되는 정신과 의사로서 그동안의 지식과 경험을 살려 독자 여러분의 머리와 마음을 가볍게 만드는 데 도움을 주고 싶어 이 책을 집필하게 되었습니다.

정신과 의사들끼리 만나면 내담자들이 결코 고민거리가 될 만한 일이 아닌데도 자기 삶의 굴레에 갇혀서 스스로 고민을 만들어 내는 경향이 많다고들 합니다. 별 것 아닌 고민을 부풀리거나 다른 사람의 고민까지 떠안아 버리는 사람들이 아주 많다고도 합니다.

결론부터 말하자면, 효율적으로 고민을 처리하거나 고민하지 않아도 될 문제를 구분해서 무시하는 방법을 통해 그때그때의 고민을 해결할 수 있습니다. 방법만 알게 되면 누구라도 의식적으로 고민을 제압할 수 있다는 얘기입니다.

고민은 마음에 쌓일수록 몸에 부하를 걸게 됩니다. 이러한 부하는 건강하다면 수면과 휴식을 취하는 동안 자연스레 회복해 나갈 수 있지만 고민이 쌓여가는 과정에서 회복할 수 있는 기준점을 넘어가 버리면 스트레스로 발전하여 그 사람의 태도나 행동으로 드러나게 됩니다.

건강하지 못한 사람이 이것을 그냥 놔두었다가 더 악화되면 정신적 질환에 걸릴 위험이 높아집니다. 그런 의미에서 정신적 질환은 누구라도 걸릴 가능성이 있는 질병이라고 할 수 있습니다. 따라서 마음속에 고민이 스며들었는데 해결하지 않고 그냥 놔두지 말고 반드시 해소하는 습관을 가져야 합니다.

정신과 의사가 된 지 얼마 안 되었을 때는 이런 경험이 부족했기 때문에 일을 하다가 누군가에게 꾸중을 듣거나 부당한 대우를 받을 때는 감당하기 어려울 정도로 기분이 다운되는 일이 많았습니다.

그렇지만 고민을 떨쳐버리는 심리 테크닉을 알게 된 뒤부터는 거부감이 드는 태도를 접해도 '아, 저렇게 생각하는 사람도 있구나', '뭐, 저러다 말겠지' 하며 가볍게 대처할 수 있게 되었습니다.

1장에서는 습관처럼 고민에 빠지는 사람들이 안고 있는 고민 중에서 큰 부분을 차지하는 '인간관계에 대한 스트레스'에 메스를 들이대려고 합니다. 그리고 2장에서는 요즘 서점가에 나와 있는 자기계발서에서 흔히 볼 수 있는 '고민하는 사람들을 위한 어드바이스'에 OX 형식을 빌려서 설명했습니다. 스스로 OX로 답을 찾아가면서 읽어나가다 보면 나에게 맞는 스트레스 해소법을 찾을 수 있을 것입니다.

3장에서는 어떤 경우에 고민의 위험이 생기는지를 알려주는 시그널과 거기서 빠져나오는 노하우를 소개했습니다. 4장에서는 사람들의 다양한 고민을 연령별로 분류해 그에 따른 대처법을 다룹니다. 자신이 어떤 케이스에 해당하는지 점검하면서 해결 방법을 찾기 바랍니다.

5장에서는 미디어에서 자주 사용되는 마음의 부조화에 관한 키워드를 정신과 의사의 입장에서 해설합니다. 또한 책의 말미에는 지나치게 고민하는 체질에서 탈피하기 위해 필요하다고 생각되는 '질 좋은 수면법'과 '반드시 알아둬야 하는 정신적 질환'을 덧붙였습니다.

저는 의료 현장에서 매일 많은 사람들의 고민을 접하고 있습니다. 게다가 몇 년 전부터는 유튜브나 트위터 같은 SNS를 통해서 정신과적 문제와 해결 방법을 전하고 있기도 합니다.

고민은 그 사람이 처해 있는 환경이나 자라온 과정에 의해서도 다르고 당연히 연령이나 성별에 따라서도 여러 종류입니다. 그렇다고 해서 완전히 따로 구분해야 한다는 말이 아니라 일정한 경향이나 공통되는 개선책은 존재합니다. 이 책은 그에 대한 저만의 지식과 경험을 정리한 결실입니다.

요즘 '버린다'거나 '정리한다', '미니멀리즘'이라는 말을 자주 듣습니다. 이런 말들은 단지 물건에만 국한된 것이 아니라 살면서 정말로 중요한 것들을 위한 마음의 여백을 따로 만드는 일이 아닐까 싶습니다.

그런 점에서 고민을 내다버리는 목적은 자기 자신이 진짜 하고 싶은 일이나 좋아하는 일을 위한 마음의 여백을 만드는 것이라고 할 수 있습니다. 비어 있는 공간에 자기 자신에게 보다 소중한 것을 넣어둘 시간을 만들 수 있게 되면 인생이 더욱 풍부해질 것입니다.

이 책의 내용들이 일상에서 느끼는 마음의 부담감들을 해소시킬 아이디어가 되어 독자 여러분이 앞으로 살아가는 데 도움이 될 수 있다면 정말 기쁘겠습니다.

"모두 이렇게 열심히 사는데 왜 나만
열심히 살 수 없을까?"

차례

들어가며 _ 4

1장 모든 고민은 인간관계에서 시작된다
지나치게 생각이 많은 당신을 위한 처방전 _ 14

2장 멘탈 테크닉을 위한 어드바이스
멘탈 헬스케어를 알고 있나요? _ 30

3장 반드시 도망쳐야 할 고민의 늪 10가지
지나친 고민은 생각을 왜곡시킨다 _ 48
반드시 빠져나가야 할 10가지 고민의 늪 _ 50

4장 고민의 늪에서 탈출하는 법
자기만의 틀에서 빠져나와라 _ 60

5장 정신적 문제들 - 케이스별 해결법
이럴 때는 어떻게 해야 할까? _ 74

6장 마음의 병에서 꼭 알아야 할 것들

마음의 병과 관련된 키워드를 잊어버려라 _ 110

 7장 심리를 흔드는 환경에 적절히 대처하기

빠른 대처가 필요한 3가지 심리상태 _ 126

수면시간보다는 수면의 질에 신경을 쓴다 _ 140

목욕으로 체온을 올려서 릴렉스하라 _ 142

 8장 정신질환 올바르게 이해하기

비슷한 것 같지만 너무나 다른 정신질환의 종류와 증상 _ 146

부록 정신과 의사의 편지 _ 187

끝마치며 _ 210

1장

세상의
모든 고민은
인간관계

지나치게 생각이 많은
당신을 위한 처방전

'고민의 늪'으로 빠지게 만드는
4가지 인간관계를 개선하는 법

심리학자 알프레드 아들러Alfred Adler 는 '세상의 고민은 전부 인간관계'라는 말을 남겼습니다. 내가 진료를 볼 때도 환자들이 털어놓는 고민의 대부분이 인간관계의 부작용으로 생긴 문제들인 것을 알 수 있었습니다.

인간관계는 가족이나 친한 사이에만 국한되는 것이 아닙니다. 업무적인 소통의 문제, SNS에서의 커뮤니케이션, 낯선 이웃들과의 관계 등이 모두 포함됩니다.

사람은 일이나 취미 같은 주변 환경에 영향을 받으며 자신의 생각을 형성하게 되는데, 그 안에서도 특히 인간관계로부터 가장 강한 영향을 받기 쉽습니다.

인간관계에 대해 지나치게 고민에 빠지게 되면 타인의 사고에 휘둘리게 되어 자신이 무슨 생각을 하는지 알 수 없게 됩니다. 이렇게 자신의 사고가 흔들리기 시작하면 무슨 일에서든 망설이게 되고 필요 이상으로 '이것은 내 탓일지 모른다', '저 사람이 저런 말을 하는 의도가 무엇일까?' 하며 고민의 늪에 빠지게 됩니다.

물론 누구라도 인간관계 탓에 크고 작은 고민을 안고 살게 되는데, 그렇다는 것은 인간관계가 원만하게 잘 흘러가는 것만으로도 일상의 고민들이 훨씬 가벼워질 수 있다는 이야기입니다.

우선 1장에서는 정신과 전문의의 관점에서 지나치게 생각이 많은 사람이 마음에 강력하게 영향을 받게 되는 4가지 인간관계를 예로 들어서 각각의 대처법을 소개하겠습니다. 지나치게 고민에 빠지는 습관에서 졸업하고 싶은 사람이라면 인간관계에 대한 고민을 떨쳐버리는 일에서부터 시작하도록 합시다.

① 직장이나 학교에서의 인간관계

함께 있는 것만으로도 스트레스를 느끼게 되는 사람이 있다면, 그와 부딪치는 시간을 적극적으로 줄이는 것이 좋습니다. 문제는 웬만큼 오랫동안 함께 지내지 않고서는 그런 성향인지를 파악하는 게 무척 어렵다는 사실입니다. 스트레스는 눈에 보이지 않고 인식하지 못한 부분에서 찾아오기 때문입니다.

학교나 회사처럼 자신이 선택하기 어려운 인간관계에서는 아예 주거지를 옮기거나 회사를 옮기지 않는 한 한번 맺어진 관계가 변하기는 어렵습니다. 학교를 졸업하고, 사회생활을 시작하고, 결혼을 해서 아이가 생기고, 그 아이가 커가면서 자신의 주변에 있는 사람들은 꽤 정리되고, 한정되어 갑니다.

그러면 당연하게 곁에 있는 사람과의 인간관계가 어느 정도 자기 자신에게 스트레스를 일으키는지 파악할 수 없게 되는 경우도 있습니다. 자신도 모르는 사이에 이미 스트레스를 받고 있는 경우도 흔합니다.

그럴 때 그 사람이 자기 자신에게 나쁜 영향을 끼치는지, 좋은 영향을 끼치는지를 구분할 수 있는 좋은 방법이 있습니다. 그것은 그 사람과 같이 있을 때 자기 자신의 모습이 마음에 드는가를 생각해 보는 것입니다.

대부분의 사람은 상대방에 따라서 보이는 모습을 바꾼다고 볼 수 있습니다. 까다로운 사람, 번잡스러운 사람, 조용한 사람, 신경질적인 사람 등 어떤 타입이든지 그때그때 인간관계를 달리 해나갈 수 있다는 얘기입니다. '그 사람과 같이 있을 때의 내 모습이 마음에 들지 않는다, 그러니 그 사람은 나에게 스트레스를 주는 사람이다'라는 생각을 가지고 인간관계를 고쳐 나가 볼 수 있습니다.

직장이나 학교 같은 곳에서의 인간관계는 대개 자신이 좋아서 함께 있는 것이 아니라 어쩔 수 없는 상황 속에서 함께 많은 시간을 보내야 합니다. 이 경우, 학급 배정이나 부서 배치 등 스스로 컨트롤할 수 없는 상황에서 형성되는 인간관계에 대해 생각해 볼 필요가 있습니다.

많은 사람들이 스스로 어떻게 할 수 없다는 사실을 알기에 그 상황을 인내하는 수밖에 없다고 생각하는 경향이 있지만 그저 참아내기만 하면 스트레스가 되고 맙니다. 스스로 도피할 수 있는 길을 마련해 놓지 않으면 상황이 악화되기 때문입니다.

인간관계를 개선하려고 할 때 가장 중요한 것은 상대방과 적절한 거리를 어떻게 만드느냐 하는 일입니다. 어색함이나 스트레스를 느끼게 만드는 상대와 어쩔 수 없이 함께 보내야 될 때는 '나 자신을 지킨다'는 목표로 상대에 대한 관심을 끊거나 그것이 어렵다면 최대한의 거리두기를 하는 것이 좋습니다.

다만 감정적으로 그냥 상대방이 싫기 때문에 피하려고 하면 오히려 그 사람에 대한 관심을 끊을 수 없다는 부작용이 생깁니다. 상대를 싫다고 인식하는 것은 결국 계속 의식하고 있다는 사실로 적절한 거리를 두기에 곤란해지기 때문입니다.

그리고 사람을 싫어하는 행위는 스스로에게 죄책감을 느끼게 만들고, 또 그 일로 인해 생각지도 않은 풍파를 일으킬 위험도 있어서 오히려 고민의 씨앗을 부풀리게 만들기 쉽습니다. 따라서 '싫다'는 감정이 아니라 '관심을 끊는다'는 것을 명심해야 합니다.

이를 위한 방법으로는 상대방이나 그 주변에 관한 정보에 최대한 귀를 닫는 행위가 좋습니다. 상대에 대한 관심이 생길 여지 자체를 싹둑 잘라 버리는 것입니다.

애초부터 소문이나 욕설에는 사람의 감정을 자극하는 요소가 많아서 관심을 끌어올리기가 쉬운 법입니다. 부정적인 감정을 느끼는 사람에 대한 이야기만이 아니라 바람결에 묻어 다니는 소문 따위도 아예 멀리하는 것이 좋습니다. 타인이라는 존재는 컨트롤하기 어려운 법입니다. 내가 컨트롤할 수 없는 존재이기에 이런 저런 고민을 해봐도 어쩔 수 없는 노릇이라고 생각하고 적절한 거리를 전략적으로 벌려 놓으면 인생은 훨씬 호전될 것입니다.

② 친한 친구나 연인과의 인간관계

친한 관계일수록 서로에 관한 여러 가지 속깊은 대화를 나누게 됩니다. 이렇게 의견 교환이나 경험의 공유는 신뢰관계를 밀접하게 합니다.

그러나 한편으로는 아무리 친한 사이라도 예의를 지켜야 한다는 말이 있듯이 상대와의 거리가 지나치게 가깝다가 관계가 나빠지는 경우가 있습니다. 이런 관계는 너무 심한 의존이나 속박으로 인한 부작용으로 마음을 터놓고 지내다가 무례한 언행으로 감정을 상하게 해서 차라리 모르는 사이보다 관계가 악화되곤 합니다.

특히 주의할 문제는 상대방과의 거리가 지나치게 가깝다 보니 나와 상대의 존재를 혼동하는 것입니다. 스스로 깨닫지 못하는 사이에 상대에게 자기 자신을 겹쳐서 바라보는 경우가 많은데, 이것이 심각해질 경우 '나에 대해서 전부 알아줬으면 한다', '상대에 대해 전부 알고 싶다'면서 무슨 일이든 상대와 공유하지 않으면 마음을 진정시킬 수 없는 상태에 빠지는 일이 왕왕 있습니다.

또한 자기 자신과 상대의 경계가 모호해지면 오히려 '이렇게까지 개입해도 괜찮을까?', '이 정도로 우리 둘의 거리가 가까운데 이러다가 미움을 받지 않을까?' 하는 쓸데없는 고민을 낳기도 합니다.

평소 소중히 여기는 상대방과 건전하게 거리감을 유지하기 위해서 꼭 필요한 일은 서로가 존중하면서 신뢰관계를 차곡차곡 쌓아 나가는 것입니다. 아무리 친한 사이라 해도 자기 자신과는 삶의 방식도 생각도 전혀 다른 존재임을 받아들이는 것이 중요합니다.

그래서 추천하는 것은 상대방과 공유하지 않는 혼자만이 만끽할 수 있는 시간을 만드는 것입니다. 상대방과 함께 있지 않더라도 혼자서 즐거움을 느끼는 시간, 혼자 사색할 수 있는 시간을 만들어 보기 바랍니다.

'혼자서 만끽할 수 있는 시간'에서 중요한 핵심 포인트는 자신의 기분을 다루면서 누군가와 금방 공유하는 것이 아니라 자신 안에 몰래 담아두는 일입니다. 시작이 아주 사소한, 별 것 아닌 일이라도 상관없습니다. 일상생활 속에서 청소를 한다거나 산책을 한다 등등 지금 당장 시작할 수 있는 사소한 일부터 해도 좋습니다.

나도 혼자 아무 목적 없이 거리를 걷다가 '단풍이 예쁘다', '마음에 드는 카페를 발견했다' 등 그때마다 느끼는 감정을 소중하게 여기는 시간을 의식해서 만들고 있습니다. 이 시간을 오래 기억하기 위해 스마트폰으로 사진을 찍거나 일기를 써 보거나 하는 것도 추천합니다.

이러한 시간을 보낼 수만 있으면 이제부터 오히려 상대와 함께 하지 않아도 나만의 소중한 것들이 있음을 알게 되고, 머지않아 상대방도 그것을 인지하게 되어 꼭 공유하지 않는 상황에도 신경 쓰지 않게 되어 갑니다.

③ SNS에서의 인간관계

인간관계에는 매일 만나거나 연락을 나누는 사람들만이 아니라 직접적으로 만난 적이 없는 SNS에서의 관계도 포함됩니다. 특히 SNS에서는 미지의 사람들과 아주 쉽게 커뮤니케이션이 형성되기 때문에 그곳만의 독특한 인간관계가 생기기 쉽습니다.

간단히 팔로우를 하는 사람이나 사이가 그다지 좋지 않았던 과거 지인과의 연결고리, 팔로우하고 나서 처음 알게 된 사람의 성격 등 모르는 사이에 많은 것들이 이루어지고, 그로 인한 스트레스가 생기는 경우가 있습니다.

따라서 현실세계의 인간관계와는 다르기에 주의를 해야 합니다. 예를 들면 안티, 악플로 인해 생기는 문제가 있습니다. SNS에서는 서로 알지 못하는 사람들이 극단적인 논의를 교환하는 일도 많이 보일 것입니다.

얼마 전에 쏟아지는 악플로 마음고생이 심했던 연예인이 끝내 자살한 사건에서 보듯이, 익명의 가면 뒤에 숨어서 칼날을 들이대는 사람들을 보면 정상적인 사고방식으로는 이해가 되지 않습니다. 이런 사건은 절대 남의 일이 아닙니다.

통상적으로 논의의 장에서는 주장을 전하고 싶은 상대가 있고, 그 상대에게 맞춰서 전달하는 방식을 바꿔 가는 것이 대부분입니다. 논의의 상대가 오랫동안 관계를 맺어온 사람이라면 그 사람의 주장이나 주장을 하게 된 배경에도 자연스럽게 귀를 기울이게 됩니다.

그러나 SNS에서 진행되는 논의는 관계성이 얕은 사람을 상대로 하기 때문에 상대방을 고려하지 않는 경우도 많습니다. 그 때문에 의견이나 감정이 서로 극단적으로 부딪히기 쉬운 것입니다.

극단적이고 과격한 의견은 사람의 감정을 건들이기 쉽기 때문에 그 사람의 생각에 큰 영향을 끼치는 일이 많습니다. 자신이 안티나 악플 행위에 가담하지 않는 것은 물론 과격한 의견과는 가급적 멀리하는 게 좋겠습니다.

또한 SNS에서 지나치게 활발한 활동을 자제하는 것도 방법입니다. SNS에서 누군가를 팔로우할 때는 나에게 스트레스가 적을 것 같은 상대를 선택하는 것은 물론 가급적 자신의 생각이 극단적으로 치우치지 않도록, 정기적으로 팔로우나 팔로워 관계를 새로 고치거나 점검하는 등 최대한 자제 모드를 찾는 것이 좋습니다.

④ 가족과의 인간관계

태어나서 어른이 될 때까지, 가정 내 성장 환경은 한 사람의 사고 형성에 막대한 영향을 끼칩니다. 부모나 형제자매처럼 같이 보내온 시간이 긴 사람에게서 무의식적으로 영향을 받기 때문입니다.

예를 들어 유소년기에 부모에게 칭찬이나 사랑을 받지 못한 아이는 어른이 되어 매사에 자신감을 갖지 못하는 사람으로 자라는 경우가 많습니다. 문제는 이러한 외부적인 요소들이 유소년기 때 너무나 당연한 듯이 존재하는 것이기에 환경이 자신에게 어떤 영향을 끼치는지를 인식할 수 없다는 점입니다.

유소년기에 형성된 사고가 이제 와서 다시 바뀌지는 않을 것이라며 포기하는 사람도 있습니다. 이러한 답답한 마음을 가슴에 품은 채로 살아가면 가족과의 관계성을 개선되지 못한 채 부모라는 존재가 콤플렉스로 남는 경우가 많습니다.

가족관계에 대해 문제가 있다는 생각이 들 경우에는 인간 대 인간으로서 대화를 나누는 횟수를 늘려가는 것을 고려해야 합니다. 예를 들어 유소년기에 있었던 일 중에서 아직 미해결의 문제로 남아 있는 사건이나 당시의 생각이나 의도를 본인에게 물어봄으로써 개선의 계기가 될 수 있습니다.

어린 시절에는 도저히 이해할 수 없었던 가족의 언행을 어른이 되고 나서야 이해할 수 있게 되는 경우도 적지 않습니다. 자식 교육에 너무 집착했던 부모님, 유난히 언쟁이 잦았던 형제들과의 관계 등등 이런저런 장면들이 모두 여기에 포함됩니다.

다만 가족에게 어색한 느낌이나 악감정을 품고 있어서 대화를 시도하는 것조차 어려운 경우에는 무리할 필요가 없습니다. 가족이라고 해도 생각이나 삶의 방식이 자기 자신과는 전혀 다른 별개의 인간입니다.

아무리 가족이라고 해도 당신의 사고나 삶의 방식을 조종할 권리는 없습니다. 당신이 당신답게 살아갈 수 없는 요인이 가족과의 인간관계에 있다면 한번 가족이라는 필터를 빼고 그 관계를 생각하는 것이 필요합니다.

내 인생은 나의 것

정신과 진료를 받는 사람들 중에는 '직장동료와 잘 지내지 못하지만 회사를 그만둘 수는 없다', '남편과 헤어지고 싶지만 이혼 후 어떻게 생계를 꾸려나가야 할지 몰라 망설이고 있다' 등등 현재 환경에 만족하지 못하지만 그럼에도 벗어날 수 없다고 말하는 사람들이 꽤 많습니다.

인간관계를 근본부터 바꾸기 위해서는 여러 가지 장애물을 건너뛰어야 합니다. 이런 때는 '나는 그 관계를 그만둘 수 있다', '바꿀 수 있다'는 선택지를 갖고 있는 것이 매우 중요합니다. 왜냐하면 가장 좋지 않은 것이 '나에게는 선택지가 없다'는 말이기 때문입니다.

실제로 정신과 의사를 찾는 환자들 중에는 본인의 노력이나 제3자의 협력을 얻어서 인간관계를 크게 개선한 사례가 얼마든지 있었습니다. 혼자서 문제와 마주하는 것이 어렵다고 느낄 때는 정신과 의사와 만나 상담하는 등 제3자 의견을 따르기를 추천합니다.

특히 정신과 의사는 객관적으로 상황을 판단하고 향후 일어날 문제들에 대해 폭넓게 상담해 줄 수 있습니다. 그러나 굳이 정신과 의사가 아니라도 이야기를 들어 줄 상대가 있다면 문제 해결의 열쇠를 찾게 되는 경우가 많습니다.

스스로 선택지를 갖고 있지 않으면 타인의 의견에 휘둘리기 쉽습니다. 자기의 생각이 어디에 있는지를 알지 못하면 해답을 찾아낼 수 없게 되어 인생의 갈피를 잡지 못하게 됩니다.

당신의 인생은 당신의 것입니다. 그것을 잊어서는 안 됩니다.

2장

멘탈 테크닉을 위한 어드바이스

멘탈 헬스케어를 알고 있나요?

과연 어떤 것이 멘탈에 좋은지 O△X로 풀어보자

사람들이 흔히 하는 걱정 중에 지나치게 고민에 빠지는 습관을 개선하는 일이 불가능하다고 체념하는 것입니다. 마음이 건강하다면 고민하지 않아도 될 문제도 심신이 지쳐 있으면 걱정거리를 다루는 능력이 떨어지고, 부정적인 사고가 가속되어 고민이 밑도 끝도 없이 축적되기 쉽습니다.

당신이 만약 쉽게 고민에 빠지는 체질이라면, 이를 개선하기 위해서는 생활 속에서 건강한 뇌 상태를 유지하는 것이 중요합니다. '멘탈 헬스케어 mental healthcare'라는 말을 알고 있나요? WHO 세계보건기구에서는 '멘탈 헬스'를 단순히 질병이 없는 상태를 뛰어넘어 자신의 능력을 깨닫고 일상적인 삶의 스트레스에 대처할 수 있고 생산적으로 일할 수 있으며 사회에 기여할 수 있는 웰빙 상태로 정의하고 있습니다.

멘탈 헬스케어는 간단히 말해서 웨어러블wearable 기술을 활용해 우울증 치료 및 심리 안정 등 정신건강을 돕는 것을 뜻하는데, 방법은 IT기기를 몸에 부착하거나 착용해서 건강상태를 추적하고 파악해서, 아예 신체 속에 장착하여 일상적으로 심리적 안정을 꾀하는 것을 말합니다.

정신 건강과 심리 치료를 위해 이제는 세계적으로 널리 사용되는 이 방법의 궁극적 목표는 하나입니다. 바로 스트레스에서 해방되는 심리적 안정 상태입니다.

나는 한 사람의 정신과 의사로서, 사람들이 이러한 첨단과학 시스템에 대해 말하는 걸 들을 때마다 무조건 기계에 의존하는 태도는 조금 위험하다고 답해줍니다. 심리적인 문제는 자신의 의지가 절대적이기 때문입니다.

마음이나 몸이 약해지면 자신에게 입바른 소리를 해주는 사람의 의견을 무조건 '옳다'고 판단하는 일도 있습니다. 물론 그 판단이 틀리지 않았다면 아무 문제가 없지만 개중에는 약해진 정신 상태를 교묘하게 파고들어 이득을 보는 사람들도 있습니다. 부풀려 말하는 것일 수도 있겠지만 사실 그와 같은 상황은 의외로 주변에 널려 있습니다.

예를 들어 유튜브나 페이스북 등을 보면 나타나는 다이어트나 피부 개선을 도와준다고 외치는 광고도 그렇습니다. 이러한 상품들은 실제로 효과가 있는지 어떤지 알 수 없는 것도 많은데 그저 보고만 있는 그 사이에 자신의 콤플렉스를 자극해서 결국 구입한 결과 큰 효과가 없었다고 하는 사람도 흔하게 볼 수 있습니다.

대량의 정보들 속에서 유용한 정보를 골라내는 것은 결국 자기 자신만이 할 수 있습니다. 일반적으로 듣는 이야기들 가운데에서도 쉽게 믿어서는 안 되는 것들이 매우 많습니다. 자신의 생각이나 행동이 흔들리지 않도록 하기 위해서라도 잘못된 정보는 적극적으로 수용하지 않도록 하는 것이 중요합니다.

싫은 부탁은 무조건 거절하라
: 대답은 △

자기계발서에서 자주 등장하는 이야기 중에 마음에 들지 않는 권유는 아예 거절하는 편이 낫다는 말이 있습니다. 나로서는 분명히 싫은 일인데 거절하지 못해서 응했다가 스트레스를 받게 되느니 차라리 처음부터 당당하게 거절하는 게 좋다는 이야기입니다.

당신은 지금까지 마음에 들지 않는 권유를 거절하지 못하며 살아왔을지도 모릅니다. 타인의 권유를 거절해서 미움을 받기보다는 무리를 해서라도 사람들과 어울리는 편이 낫다고 생각해서 응하는 경우도 많았을 것입니다.

누구나 남의 부탁이나 권유에 당당히 거절하는 건 어려운 일이고, 섣불리 머리를 끄덕였다가 일어날지 모르는 부작용도 스트레스로 작용합니다.

직장상사가 자신의 업무 중 일부를 자꾸 떠넘긴다든지, 외근을 나가는 당신에게 뭔가를 자주 부탁한다든지 하는 식으로 계속 부담을 주는 경우가 있습니다.

이런 일이 잦을 때는 자신의 입장이 우선이라고 생각하며 미리 방어막을 쳐두는 것이 좋습니다. 예를 들어 이전부터 해보고 싶었던 일에 도전해서 자기만의 스케줄을 가질 것을 추천합니다. 예를 들어 오래 전부터 영어를 공부하고 싶었다면 실제로 영어회화 학원을 등록하는 것입니다.

동료가 업무를 도와달라고 하면 이렇게 말하면 됩니다.

"오늘은 학원에 가는 날이라서…."

이렇게 영어학원에 등록했다는 사실을 널리 알리면 직장 안에서 퇴근 무렵에 뭔가를 부탁하는 일은 사라질 것입니다. 상사가 업무와는 관계없는 일을 시키려고 하면 이렇게 말하십시오.

"회사의 프로젝트 진행 과제를 오늘 중으로 끝내지 않으면 안 되어서…."

이런 식의 변명으로 구실을 만들면 몇 가지나 피할 수 있는 방법을 만들어 낼 수 있습니다. 이 방법은 무조건 회피만 하는 게 아니라 함께 할 수 없는 이유를 미리 준비해 둠으로써 거절의 명분을 분명히 한다는 것입니다.

"아, 미안해, 그날은 선약이 있는데…….."

"미안합니다. 오늘 학원에서 중요한 시험이 있어서 꼭 가야 해서요."

이런 식으로 양해를 구하면 별 일 없이 지나갈 수 있습니다.

또 하나 팁이 있습니다. 곧바로 NO!라고 말하지 않고 사전에 스케줄표의 빈칸을 줄줄이 채워놓고 대답하기 전에 슬쩍 스케줄표를 쳐다보는 모습을 보여주는 것도 좋습니다.

그러면 스케줄표에 미리 그렇게 예정돼 있으니 상대방도 어쩔 수 없다는 걸 알고 물러날 것입니다. 스케줄표에 무엇을 적어놓든 상관없습니다. 선약이 있는 것처럼 보여주기만 하면 되니까요.

그러다가 도저히 피할 수 없는 상사의 부탁을 들으면 선약을 취소하겠다고 말하고 고개를 끄덕이면 됩니다. 효과 100%를 보장합니다.

이렇게 업무 내지는 사적인 활동을 핑계로 들면 상대방을 불쾌하게 만드는 일도 없고, 거절할 때마다 느끼는 씁쓸함도 피할 수 있을 것입니다. 이런 전략을 구사해 나가다 보면 생활이 좀 더 즐거울 것입니다.

질투는 감정의 밸런스를 무너뜨린다
: 대답은 △

질투는 정신의 밸런스를 무너뜨린다는 말이 있습니다. 과연 그럴까요? 질투는 대단히 흔한 감정이기 때문에 질투를 하는 마음 그 자체가 정신건강에 좋지 않은 일은 없습니다.

하지만 질투의 감정이 강한 사람은 인간관계나 인생이 잘 안 풀리는 등 부정적인 환경에 놓이는 일이 많다는 게 문제입니다. 원래부터 불안한 심리 상태인 사람이 질투의 감정까지 더해지면 증오나 분노 같은 감정이 증대되어 정신적인 밸런스가 무너지는 위험이 커집니다.

예를 들어 최근에 커다란 사회적 이슈가 되고 있는 SNS의 악플이나 유명인에 대한 비난, 안티 행위도 대부분 질투에서 오는 게 아닐까 생각됩니다. 그러니 누군가에 대한 질투심이 증폭되어 본래의 느낌 그 이상의 부정적 감정을 품었을 때는 한 번 냉정해질 시간을 갖는 것이 감정 컨트롤을 위해 중요합니다.

정신과에서는 이것을 '분노 컨트롤'이라고 부릅니다. 정신과 의사는 환자에게 분노의 감정이 표출되었을 때 그것에 휘둘리지 않기 위해서는 5~6초 정도 하나, 둘, 셋……을 세며 기다려 보라고 권유합니다. 그러는 동안 격동하던 마음이 가라앉아 질투의 감정도 차츰 내려앉기 때문입니다.

이것 말고도 자신의 감정이 비등점에 도달하지 않도록 할 방법을 몇 가지 알아 두면 분노나 질투 같은 부정적인 감정을 컨트롤하기 쉬워집니다. 자신의 감정을 컨트롤할 수 있게 되면 그다음에는 어떻게 하면 좋을지가 보입니다. 질투심 그 자체가 좋지 않다는 게 아니라 질투한 다음의 감정 컨트롤이나 그에 따른 행동이 더 중요하다는 뜻입니다.

싫고 좋은 감정을 솔직히 말하는 게 좋다
: 대답은 X

싫고 좋음을 확실히 말하는 편이 낫다고 말하는 사람들이 많습니다. 과연 그럴까요? 감정은 그라데이션과 같은 것입니다. 좋거나 싫다고 한 마디로 말해도 어느 정도 좋고 싫은지는 각각 다르게 표현됩니다. 좋음을 싫음의 극단적인 반대라고 생각해서 싫은 것을 아예 배제하는 사고를 하게 되면 앞으로는 무엇이든 아군과 적군으로 나누는 버릇이 생겨서 적이라고 판단되는 것을 멀리하게 되고 맙니다.

예를 들어 누군가의 의견에 대해 70%는 찬성할 수 있지만 30%는 반대하는 상황이라고 합시다. 그럴 때 의견이 일치하는 부분이 70%나 있는데 30% 차이를 납득할 수 없다면서 '당신과는 의견이 맞지 않기 때문에 사이좋게 지낼 수 없다'고 결론을 지어 버리면 오랫동안 이어갈 수 있는 인간관계를 구축하는 일은 어려울 것입니다. 우리가 살면서 자신과 완전히 같은 생각을 가지고 있는 사람을 만나는 것은 불가능하기 때문입니다.

친해지기 위해 점차적인 변화를 갖는 인간관계를 위해서는 서로의 의견에 어떻게 다른 점이 있는지를 인식하고, 그 다음에 접근할 수 있는 부분을 찾아야 합니다. 다른 의견을 가진 사람과 갑자기 친해지기는 어렵기 때문에 순서에 따라 차근차근 서로의 차이점을 확인해 나가면서 이야기를 진행해 가는 것이 좋습니다.

사람은 자신과 다른 부분을 신경 쓰는 경향이 있는데, 우선은 의견이 같은 부분을 발견해서 'A에 대해서는 의견이 같군요'라는 식으로 공유하도록 합시다. 같은 의견을 공유하면 서로 마음을 놓을 수 있기 때문에 이미 알 만한 내용이라도 일부러 다시 한 번 입 밖으로 꺼내는 게 쉽습니다.

그러고 나서 다른 부분에 대해서도 '부분적으로 B부분에서 의견이 좀 다른 듯하군요'라고 공유한 뒤에 '그렇다면 그 부분을 어떤 방향으로 고쳐 나갈까요?'라며 논의를 맞춰 가면 문제 해결에 접근해 가는 것은 물론 해결할 부분도 찾을 수 있게 됩니다.

원래 좋고 싫은 감정은 그 날 그 날 바뀌기 마련입니다. 그때그때 마음의 상태로 결정하지 않도록 차근히 대화를 나눠 상대방과 합의점에 이르는 것이 좋겠습니다.

혼자만의 시간을 만드는 게 좋다

: 대답은 O

하루 일과 중에 잠깐이라도 혼자만의 시간을 만드는 편이 좋습니다. 정신과 의사로서 나는 환자들에게 이런 시간을 꼭 마련해 두라고 말하곤 합니다. 그것이 정신 건강에 매우 유익한 방법이기 때문입니다.

코로나로 인해 하루의 대부분을 아이나 남편과 함께 있지 않으면 안 되어 혼자만의 시간을 낼 수 없게 된 주부가 스트레스에 시달린다는 뉴스가 있었습니다.

혼자만의 시간을 만들면 사색이나 취미활동을 통해 마음의 여유를 찾을 수 있고, 이 과정에서 기분전환이 되어 새로운 일에 도전할 수 있게 됩니다. 그런데 이런 일에 서툴기 때문에 스트레스가 되고, 우울한 감정에 시달려 결국 마음의 병으로 발전하는 것입니다. 이 때 중요한 것은 여백의 시간을 온전히 자기만의 것으로 만드는 일입니다. 남들이 끼어들지 않는 자기만의 세계에 완전히 침잠하는 것입니다.

그러나 다른 한편으로는 혼자만의 시간에 대한 사용법에 따라 쓸데없이 스트레스를 떠안게 될 수도 있으니 주의하지 않으면 안 됩니다. 상담을 위해 나를 찾아와서 이런 이야기를 하는 사람이 많습니다.

"기분전환을 위해 혼자만의 시간을 만들었는데, 아무것도 하지 못하고 오히려 고독감만 느꼈다."

"생각하기 싫은 일들만 떠올라 오히려 피곤해졌다."

"가만히 앉아 있노라니 예전의 실수나 마음 아팠던 일들이 떠올라 오히려 괴로웠다."

지나치게 생각이 많은 사람들은 뇌가 잡다한 생각으로부터 벗어나 조금이라도 여유를 갖게 되면 오히려 잡념에 빠지는 경향이 있기 때문에, 당신이 이런 경우라면 될 수 있는 한 혼자만의 시간은 만들지 않는 편이 좋습니다.

그렇지 않은 사람들은 일상 속에서 혼자만의 시간을 확보해두면서 그 시간을 취미활동으로 보내는 등 시간을 잘 활용하는 법을 생각해 봅시다. 운동, 독서, 식물 재배, 과자나 커피 같은 먹을 것을 만드는 일 등등 자신에 맞는 취미를 갖게 되면 좋을 것입니다.

언젠가 잡지에서 읽은 내용인데, 미국의 대기업 회장들은 회사 안팎에 자기만의 작은 공간을 만들어놓고 업무 부담에서 벗어나 취미활동을 즐기는 경우가 많다고 합니다. 어떤 기업인은 나무 다듬기에 취미를 갖고 목수처럼 대패질과 톱질에 몰두하고, 다른 사람은 그림을 그리기도 하고, 또 누군가는 소설 쓰기에 도전하는 등 그들의 여백은 이렇게 소소하면서도 즐거움으로 꽉 차 있었습니다.

문제는 이제까지 일이나 가사로 바빴던 사람이 갑자기 혼자 자유롭게 사용할 수 있는 시간이 생기면 무엇을 해야 좋을지 모르는 경우가 많다는 점입니다. 이럴 때는 일상에서 할 수 있는 단순한 일들을 비일상적으로 느낄 수 있는 취미로 업그레이드 시키는 방법도 좋습니다.

예를 들어 요리를 하는 직업인이라면 조금 더 고급스런 요리 만들기에 도전한다든가, 이제까지 만들어 보지 않았던 낯선 나라의 음식에 도전한다면 전혀 다른 느낌의 일상이 될 수 있습니다.

현대인들은 너무 많은 일을 하려는 악습에 빠져 있습니다. 무엇에 쫓기듯 집채만 한 일보따리를 등에 짊어지고 달리고 있습니다. 그러다가 언젠가는 일보따리의 무게에 깔려 죽을 지경에 이르고 맙니다.

심리학자들은 이런 워커홀릭에서 벗어나야 비로소 인간답게 살 수 있다고 말합니다. 일을 하지 않으면 초조해지거나 불안해지는 습성에서 벗어나야 진짜 행복을 찾게 된다는 뜻입니다. 행복에 중독되는 것이 아니라 일에 중독되는 상황을 만들지 않도록 조심해야 합니다.

나만을 위한 시간을 만들려면 일과를 단순하게 만드는 노력이 필요합니다. 이때 중요한 것이 선택과 집중입니다. 중요한 일부터 처리하는 습관을 들이면 잡다한 일에 끌려 다니는 일은 없을 것입니다.

이렇게 일의 경중에 따라 우선순위를 매겨 일하고, 일상을 단순화하는 미니멀리즘을 추구하다 보면 오히려 자신의 일에 효과적으로 집중하고 몰입할 수 있게 됩니다. 버리고, 끊고, 줄이는 습관에서 행복을 찾는 당신이 되기를 바랍니다.

분위기 파악은 하지 않는다

: 대답은 X

최근에는 '사람들에게 미움받아도 상관없으니까 분위기를 파악하며 눈치 보지 말라'고 하는 주장이 자주 눈에 띕니다. 미움받아도 괜찮다, 싫은 일은 하지 말라, 눈치 보지 말라, 둔감한 것이야말로 살아가는 비결이다, 이와 같은 주장들이 늘어 가는 듯합니다. 간단하고 직설적인 말에 솔깃하는 사람들의 마음도 이해는 갑니다. 주위를 생각하지 않고 자유롭게 살아 갈 수 있다면 편해질 듯은 합니다. 하지만 내담자들을 보면 '분위기를 파악하지 못하는 척을 하는 편이 스트레스'라고 하는 사람들도 많습니다.

애초에 지나치게 주의력이 있는 사람은 분위기를 파악하지 못하고 주변에 민폐를 끼치게 될까 두려워합니다. 물론 지나치게 주의를 해서 분위기를 파악한 나머지 나쁜 방향으로 흘러가 더욱 불편해지는 일은 피해야 할 것입니다.

분위기를 파악하는 것 자체가 나쁜 것이 아니라는 것은 분명합니다. 자신의 스트레스 지수의 대소를 저울질해서 행동을 정하는 것이 중요합니다. 처음에는 분위기를 파악하든 파악하지 못하든, 그저 사람들의 이야기를 듣는 힘을 기르는 것도 하나의 방법입니다. 분위기를 파악하지 못하는 사람보다 분위기를 파악할 수 있는 사람 쪽이 그 다음에 어떻게 행동할 수 있을지에 대한 선택지를 풍부하게 가질 수 있습니다.

한 발 더 나아가서 전략을 세울 수 있게 되면 분위기를 파악한다는 점은 이점으로 바뀝니다. 분위기를 파악하고 어떻게 행동할지 전략적으로 생각하는 것을 반복하다 보면 사고도 조금씩 바뀌어 스트레스를 받지 않게 됩니다.

마음에 들지 않는다면 당장 일을 그만 둔다

: 이것은 X

정신과 의사로서 환자들을 접할 때 일이나 직장환경에 대한 고민을 안고 퇴직을 꿈꾸며 휴직을 희망하는 사람을 많이 봅니다. 그러나 휴직하고 있는 도중에 전직할 곳이 정해져서 새로운 직장으로 옮겨 잘 나가고 있다는 예는 의외로 흔하지 않습니다.

지나치게 고민하다 보면 머리회전이 되지 않는다거나 부정적인 생각이 떠나질 않는다는 등의 상태에 빠지는 일이 많습니다. 특히 우울한 상태처럼 정신이 안정되어 있지 못한 상태라면 혼자서 퇴직이나 전직 등의 큰 결단을 내리는 것에 대해서는 추천하지 않습니다.

예를 들어 '일이 힘들어서' 마음을 먹고 그만두어 버렸는데 몸 상태나 정신이 안정되었을 때 되돌아 보면 '일은 힘들었지만 나에게 잘 맞았는데…' '월급은 괜찮았는데…' 같은 후회를 하는 일도 있습니다. 또한 자신에게 엄한 상사나 선배가 싫어서 그만두었는데 나중이 되어서 생각해 보니 자기 자신을 위해서 일부러 엄격하게 했던 것을 알아차리는 일도 있습니다.

그와 같은 점에서라도 정신적 부담을 안고 있을 때는 혼자서 생각하고 결단을 내리는 일은 피하도록 합니다. 그리고 회사를 그만둘 결단을 내리기 전에 회사에 먼저 이야기를 하는 것을 권하지 않습니다. 우선은 사정을 잘 알고 있는 직장 동료들에게 상담할 수 있으면 최고입니다. 아니면 가까운 친구에게 상담을 해 보고 객관적인 의견을 들어 보는 것이 좋습니다.

만약 그것이 어렵거나 잘 해결되지 않거나 할 경우 정신과에 상담하는 것도 유효합니다. 정신과 의사는 '지금의 일이나 그 환경이 당신에게 있어서 이러한 이유로 부담이 된다'고 제3자의 입장으로서 지적할 수 있습니다. 퇴직 이외에도 선택지가 있는지를 찾아보는 노력이 필요합니다. 퇴직이나 휴직 같은 극단적인 결정을 하기에 앞서 부서 이동이나 시간단축 근무 등, 근무 환경을 바꾸는 것을 우선으로 검토해 봅시다.

3장

반드시 도망쳐야 할
고민의 늪
10가지

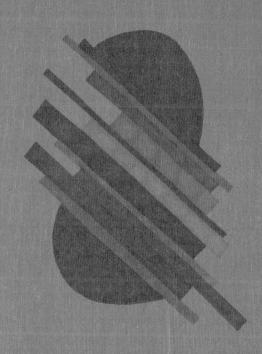

지나친 고민은 생각을 왜곡시킨다

지나치게 자기만의 생각에 빠지거나 사고가 편향되어 있어 스스로를 너무 심하게 몰아붙이는 사람은 정신과적으로 생각이 왜곡되어 있다고 진단할 수 있습니다.

생각이 왜곡되어 있다는 것은 어떤 상태일까요? 사람이 상황을 어떻게 받아들이느냐 하는 문제를 정신과 용어로 '인지'라고 합니다. 인지의 사전적 의미는 어떤 사실을 분명하게 인식하여 안다는 뜻으로, 충분히 알고 받아들였다는 이야기입니다.

예를 들어 길거리에서 고양이와 마주쳤을 때 귀엽다고 생각하며 다가가는 사람과 고양이가 싫다며 머리를 흔드는 사람이 있는데, 어느 쪽이든 인지의 한 측면이라고 할 수 있습니다.

생각의 왜곡이라는 말은 어떤 이유로든 인지가 정상적인 상태가 아니어서 상황을 액면 그대로 받아들이기 어렵다는 것입니다. 고양이로 다시 예를 들면 길을 가다 마주치게 된 고양이가 슬금슬금 도망쳐버리면 '저 녀석까지 나를 무시하네!' 하고 현실을 부정적으로 인식하는 상태를 말합니다.

이런 상태가 축적되면 매일 고민이 끊이지 않고, 이런 일이 거듭되면 마음에 부하가 점점 심해져서 생각의 왜곡을 더욱 강하게 만들어 버리는 악순환에 빠집니다.

인지는 한 번 왜곡이 되면 늪과 같아서 어떤 생각이라도 부정적인 쪽으로 흘러가 버리기 때문에 이런 상태에 빠지면 혼자서 개선하는 것은 무척 힘이 듭니다. 그리고 이런 일이 진행되면 우울증이나 불안장애 같은 정신질환에 시달릴 위험도 높아지기 때문에 초기 대응이 필요합니다.

반드시 빠져나가야 할
10가지 고민의 늪

정신질환의 침범을 막고 언제 어디서나 마음 편안하게 살아 갈 수 있는 사고방식에 익숙해지기 위해서는 먼저 인지 왜곡에 어떤 종류가 있는지를 파악해야 합니다. 여기서는 인지 왜곡을 '고민의 늪'이라 부르면서 이것을 사전에 탐지하여 피하고 벗어 날 수 있는 방법을 소개하겠습니다.

① all or nothing의 사고

모든 일을 0이냐 100이냐, 흑이냐 백이냐 같이 이분법으로 판단하는 사고로 완벽주의인 사람에게서 많이 보이는 정신 상태입니다. 퍼펙트하게 업무 처리를 하라, 100점 이외에는 허용할 수 없다, 이런 생각에 빠져서 자기만의 틀에 꽁꽁 갇히는 것입니다.

프레젠테이션을 하면서 비교적 발표를 잘했음에도 반응이 나빴던 부분에만 초점을 맞춰 후회하는 사람이 있습니다. 고객과의 상담에서 멋진 모습을 보였으면서도 실수한 행동 하나에 가슴을 쥐어뜯는 사람도 있습니다.

세상에 완벽한 것은 없습니다. 누구든 결점이 있기 마련이며 아무리 훌륭한 의견이라도 그와 반대되는 의견이 있을 수 있습니다. 그럼에도 무작정 완벽을 추구하려고 하면 목표를 달성하지 못하는 자신을 매번 냉혹하게 몰아붙이게 됩니다.

사물이나 상황을 어느 한쪽에 치우쳐서 극단적으로만 생각할 것이 아니라 거기에 양지와 음지, 장점과 단점이 있다는 사실을 인식하고 마음의 여유를 찾기 바랍니다.

② 지나친 일반화

살면서 한두 번밖에 일어나지 않은 일인데도 앞으로도 계속적으로 일어날 것이라고 생각하는 사고방식을 가리킵니다. 주변의 몇몇 여성들에게 데이트 신청을 했는데 그때마다 거절당한 경우, 앞으로도 모든 여성에게 거절당할 것이라며 자포자기를 하는 남자가 있다고 칩시다.

앞으로 데이트 신청을 해서 그때마다 거절당할지 말지는 아무도 모릅니다. 그럼에도 자신의 실패 경험을 일반화해 버리면 좋은 여성을 만날 가능성을 영원히 놓치게 되고 정신건강에도 좋지 않습니다. 작은 하나가 전체를 대변할 수는 없다는 사실을 알고, 설령 10번이나 똑같은 일이 일어났더라도 일반화에 발이 묶이지 말고 폭넓은 관점으로 생각하기 바랍니다.

③ 마음의 필터

이것은 마음에 자기만의 필터를 씌워서 좋았던 일을 의식하지 못하는 사고를 가리킵니다. 예를 들자면, 내 인생에는 좋은 일이 하나도 없다는 생각으로 일관하는 타입을 말합니다. 아무리 그렇게 생각해도 현실에서는 어떤 형태로든 좋았던 일이 분명히 있었을 텐데 자기만의 틀에 박혀서 세상을 바라보기 때문에 하나의 생각에 발이 묶여 있는 것입니다.

이런 사람은 살면서 일어났던 나쁜 부분에만 마음이 가지 않도록 좋았던 일에도 의식을 모을 줄 알아야 합니다. 이런 사람을 위해 하루 중에 작은 하나라도 좋았던 일을 일기에 쓰는 습관을 추천합니다. 이렇게 해서 마음의 필터를 한 겹씩 벗겨내는 작업이 필요합니다.

④ 마이너스 사고

당신도 마이너스 사고가 건강하고 밝은 삶에 아무 도움이 되지 않는다는 것은 잘 알겠지만, 그 중에서도 특히 나쁜 것은 플러스적인 일조차 마이너스로 생각하는 편향 사고입니다.

어떤 사람에게 칭찬을 받았는데도 '이 사람에게 뭔가 숨은 의도가 있는 게 아닐까?'라고 의심의 눈초리를 보낸다든가, 좋은 일이 있는데도 '이것은 앞으로 나쁜 일이 일어날 징조가 분명해!'라고 생각하는 태도입니다.

심리학자들은 의심이 많은 사람이나 스스로에 대해 자신감을 갖지 못하는 사람은 무엇이든 마이너스로 생각하는 경향이 있다고 말합니다. 당신도 그런 사람이라면 실제로 일어난 일이 정말로 마이너스인지 어떤지를 객관적인 시점에서 다시 한 번 생각해 보기 바랍니다.

⑤ 논리의 비약

이것은 특정한 일을 크게 부풀려서 생각하는 습관을 가리킵니다. 예를 들어 친구가 내가 보낸 문자를 읽고도 답변이 없을 때 친구가 그러는 것은 나를 무시하거나 싫어하기 때문이라고 생각해서 더이상 연락하지 않겠다며 아예 마음을 닫아버리는 행동을 말합니다.

오랫동안 친구가 전화도 받지 않고 SNS나 메일로도 벽을 치고 있다면 나를 멀리한다고 생각할 수도 있겠지만 단 한 번 답변이 오지 않는 것만으로 최악의 경우를 생각하는 것은 지나친 비약입니다. 조금 시간적 여유를 가지고 있다가 다시 연락해 보면 친구의 분명한 태도를 알 수 있을 테니 그때 무엇이든 결정을 해도 늦지 않을 것입니다.

⑥ 확대 해석과 과소평가

이것은 나쁜 일은 확대 해석하고 좋은 일은 과소평가하는 사람을 말합니다. 이런 습성에 빠지면 별 것 아닌 실패조차도 이제는 끝장이라고 좌절하고, 반대로 성공을 하면 어쩌다 일어난 우연이라며 스스로를 깎아내립니다.

게다가 이런 사고 습관에 빠지면 타인의 성공을 더 크게 보고 그만큼 자기 자신을 과소평가하는 경향을 보입니다. 자기 자신에게는 엄격하고 타인에게는 너그러운 상태라고 말하면 쉽게 이미지를 그려낼 수 있을 것입니다. 이런 사람은 스스로에게 어느 정도의 관용을 베푸는 태도를 유지해야 할 것입니다.

⑦ 감정이라는 핑계

이것은 현재의 감정만으로 상대방에 대한 평가를 원래부터 그렇다고 결정지어 버리는 사고를 말합니다. 예를 들어 상대의 작은 실수로 내 기분이 안 좋으면 '저 사람은 원래 실수투성이의 어쩔 수 없는 녀석이야!'라고 생각하는 것입니다.

어쩌다 상대가 화라도 내면 저 사람은 원래 인간성이 나쁘다고 치부합니다. 누구나 문득 감정이 솟구칠 때가 있습니다. 그런데 그런 태도만으로 상대방을 아예 나쁜 사람으로 평가하는 태도는 습관으로 뿌리내리게 될 수 있으니 주의해야 합니다.

⑧ 모든 걸 당연시하는 사고

이것은 상황마다 나름의 이유가 있음에도 '반드시 ~해야만 한다', '~하지 않으면 안 된다'고 생각하는 고정관념을 말합니다. 예를 들어 '여자는 반드시 OO하지 않으면 안 된다', '상식적으로 당연히 그렇지 않느냐' 같은 사고 습관입니다.

그런 말버릇이 입에 붙어버리면 다시 말해서 '남자니까 이런건 해줘야 한다', '여자니까 반드시 이렇게 해야 한다'고 생각하면 시대에 한참 뒤떨어지는 사고방식이라고 손가락질을 받을 수 있습니다. 이런 가치관은 시대적 변화에 대응할 수 없고, 그 결과 자신의 마음을 매섭게 몰아붙이는 일이 자주 생깁니다.

어떤 가치관에 사로잡혀서 그것 말고는 인정하지 않는 태도를 보이면 타인과 빈번하게 충동할 위험성이 높아집니다. 지금부터라도 늦지는 않았으니 무엇이든 당연하게 여기는 사고를 내던지도록 합시다.

⑨ 함부로 단정 짓는 습관

이것은 앞서 말한 '지나친 일반화'와 비슷한데, 어떤 일이든 무조건 단정해 버리거나 다른 가능성에 눈을 돌리지 않는 일방적인 사고 습관을 말합니다. 예를 들어 '나는 쓸모없는 인간이니까……', '그는 원래 그런 사람이니까……'라고 믿어 의심치 않는 태도입니다.

단정 짓는 습관의 나쁜 점은 한번 단정하게 되면 좀처럼 그것을 수정할 수 없다는 것입니다. 그렇게 되면 어떻게든 한 면으로밖에 사물을 파악하지 못하게 되어 시야가 터무니없이 좁아져 버립니다.

세상은 온통 다양화를 추구하고 있는데 쓸데없이 일방적으로 단정해 버리면 편견이나 차별에 물든 사람으로 받아들여질 위험도 있습니다. 쉽게 단정하지 말고 사고나 견해를 어떻게 가져야 할지 더 시야를 넓혀 봅시다.

⑩ 개인화하는 태도

이것은 어떤 일에 실패했거나 과오를 저질렀을 때 모두 자기 자신에게 책임을 전가하는 사고 습관을 말합니다. 예를 들어 회사에서 직원들이 모두 참여한 프로젝트가 실패로 끝났을 때, 전부 자신에게 책임을 돌리는 사람이 있습니다.

이렇게 개인화를 해버리는 습관에 빠지면 자책의 늪에 빠져 오도 가도 못하는 상황에 허덕이게 됩니다. 만약 이런 태도에 길들여져 있다면 이제부터는 운이 나빴다, 타이밍이 좋지 않았다 같은 태도로의 전환이 필요합니다. 자책감이 습관이 되면 인생이라는 무대에서 주인공이 되기보다는 항상 뒷자리 그늘에서 지내게 된다는 사실을 잊지 말기 바랍니다.

이상, 10가지 인지의 왜곡을 소개했습니다만 그 중에는 조금씩 중복되는 부분도 있습니다. 그렇지만 이것들을 통해서 말하고 싶은 것은 굳어져 버린 사고나 한정적인 견해는 건강하지 못한 정신으로 이어질 가능성이 있다고 하는 점입니다. 상황 파악의 부족함으로 고생하고 있는 사람은 앞에서 소개한 '고민의 늪'에 해당하지 않는지를 돌아보도록 합시다.

4장

고민의 늪에서
탈출하는 법

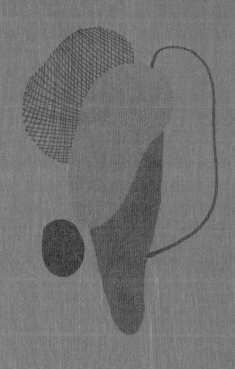

자기만의 틀에서 빠져나와라

스스로 선택지를 줄이는 습관을 버려라

앞에서 설명한 10가지 유형의 고민의 늪을 보면서 자기가 어딘가에 속한다고 생각하는 사람들을 위해, 이제부터 여기서 탈출하는 방법을 설명하겠습니다.

굳어버린 사고가 풀리면 시야가 한 번에 확 넓어집니다. 누구나 매일같이 인지의 폭을 넓히기 위해 노력하는 와중에 시행착오를 하고 있지만, 여기서 탈출하게 되면 세상의 새로운 면을 발견할 수 있게 되고 하루하루가 더욱 빛나 보일 것입니다.

'주위사람들과 잘 지내지 못하는 것은 전부 내 탓이다', '업무를 보면서 실수를 하는 것은 내가 일을 제대로 못하기 때문이다' 등등 필요 이상으로 자기 자신을 몰아붙여서 상처를 내는 사람이 의외로 많습니다.

자기긍정감이 낮고 자기부정의 감정이 사고의 영역을 점령하고 있으면 실패하거나 미움 받을 때만이 아니라 사람들로부터 칭찬이나 친절을 받아도 어차피 본심은 아닐 것이라고 생각하는 것처럼 모든 걸 부정적으로 받아들이는 습관이 생기고 맙니다.

이런 습관 때문에 세상을 공정하게 받아들이지 못하게 되면 한쪽으로 치우친 정보만 받아들이게 되어 더 깊은 고민의 늪에 빠져들게 됩니다.

자기긍정감을 높이기 위해서는 이런 식의 생각 습관을 버리고 자신의 장점은 물론이고 단점까지도 인정하고 받아들이는 것이 중요합니다. 자신의 사고를 타인들의 세상에 끼워맞추지 않도록 있는 그대로의 나 자신을 받아들이라는 것입니다.

이제부터 발상을 바꿔야 합니다. 그 어떤 단점도 생각을 바꾸면 장점이 될 수 있기 때문입니다. 예를 들어 행동이 늦는 습관이 단점이라면 무슨 일이든 진득하게 해낼 수 있는 장점으로 받아들이고, 분위기 파악을 잘 못한다는 것이 단점이라면 솔직함이라는 장점으로 받아들일 수 있습니다.

스스로 자신을 괴롭힐 만한 말은 이제 그만 사용하는 것도 좋은 방법 중 하나입니다. 예를 들어 '어차피 나라는 인간은…', '나에게는 너무 힘든 일이야', '나는 할 수 없어' 등의 입버릇은 처음부터 안 된다고 단정 짓는 태도이기 때문에, 이렇게 자신을 부정적인 틀에 가둬 버리면 스스로 선택지를 좁히는 결과가 됩니다.

남에게 자신의 생각을 강요하지 마라

평소 환자들의 이야기를 듣다 보면 '남편이 이렇게 해주길 원한다', '상사가 나를 이해해 주기를 바란다', '친구들이 내 편을 들어주었으면 한다' 등 상대방이 나를 위해 무언가 해주기를 바라는 사람들이 많다는 걸 알 수 있습니다.

자기 자신 안에 '다른 사람은 나에게 이런저런 일을 해줘야 할 존재'라는 생각이 있어서 상대에게 그것을 기대한다면 상대가 기대를 저버릴 때마다 마음의 상처가 깊어질 것입니다.

기본적으로 타인은 타인일 뿐, 당신의 희망대로는 움직이지 않으며 마음대로 컨트롤할 수도 없는 존재입니다. 그렇다면 앞으로는 상대방이 아니라 자기 자신이 먼저 어떻게 바꿔서 사람들을 대할지를 염두에 두는 편이 합리적이고 효과적인 일입니다.

인간관계의 폭을 넓히자

살면서 좋은 친구는 한 사람이면 족하다는 말을 자주 듣습니다. 직장인이나 학생들은 일반적으로 집과 회사, 학교에서 보내는 절대적인 시간이 많아 풍부한 인맥이 형성되기 어렵고 마음을 공유할 수 있는 인간관계는 너무 어려운 일이라서 한 사람만이라도 곁에 있어도 다행이다라는 말입니다.

하지만 인간관계를 한정시키면 혹시라도 문제가 생겼을 때 의논하거나 정보를 공유할 수가 없어서 마음을 졸이는 일이 생길 수 있습니다. 또 친구를 단 한 사람으로 국한했을 때 그와 의견 충돌이 생겨서 좋지 않은 사이가 될 경우, 하루아침에 마음을 털어놓을 수 있는 사람이 없어져서 외롭고 답답하게 됩니다.

투자의 세계에서는 '달걀을 하나의 바구니에 담지 말라'는 금언이 있습니다. 이것은 하나의 품목에 자본의 전부를 투자했다가 실패하면 파산의 위험에 직면하게 된다는 뜻입니다.

인간관계에서도 마찬가지입니다. 예를 들어 몇 가지 취미생활을 하면 각 장르마다 친구를 사귈 수 있으니 도움이 됩니다. 인간관계는 어떤 일이 생길지 모르니 문제가 생기는 것에 대비해서 기댈 수 있는 친구를 많이 만들어 두는 것이 중요하다는 뜻입니다.

'절대로, 반드시' 같은 말버릇을 그만두자!

앞에서 이야기했던 '무엇이든 당연하다고 여기는 생각 습관'과 마찬가지로 '반드시 ~해야만 한다', '절대로 ~하지 않으면 안 된다'고 완벽주의에 가까운 생각 습관에서 빨리 빠져나와야 합니다. 그렇지 않으면 스스로에게 고집스런 주장을 펼치게 되어 좀처럼 그런 생각의 올가미에서 빠져나올 수 없게 됩니다.

지금까지 그런 식의 가치관으로 살아 왔기 때문에 그것을 부정하면 존재 자체가 흔들리지 않을까 하는 두려움이 생겨납니다. 하지만 모든 인간이 따르지 않으면 안 되는 절대로 옳은 무엇이란 존재하지 않습니다. 자기 자신에게는 당연한 일도 사람에 따라서는 자기만의 가치관에 매달려 있다고 느끼게 됩니다.

'반드시 ~해야만 한다'는 말은 세상은 다양한 가치관이 존재한다는 사실을 부정하는 표현입니다. 자신과 다른 가치관에 익숙해지기 위해서라도 '반드시 ~해야만 한다'는 말을 그만두는 것부터 시작합시다.

그리고 자기 자신이 '반드시 ~해야만 한다'고 생각하더라도 다른 사람들이 그렇게 생각하고 있지 않을 때, 그들이 어떤 생각을 갖고 있는지 귀를 기울이도록 합시다.

자신과 다른 가치관을 인정하는 일과 자신의 가치관을 지키는 일은 결코 모순되지 않습니다. 자신과 다른 가치관을 가진 사람을 만났어도 그런 생각을 할 수 있다고 인정하면서 다양한 가치관들을 접할 기회를 늘리다 보면 나와 생각이 다른 사람을 만나도 더 이상 두렵지 않게 됩니다.

다양한 가치관을 접해 보자

무슨 일이든 하면서 '다른 사람들에 비해 나는 어떻지?'라고 끊임없이 남과 비교하는 사람이 있습니다. 사람마다 자라온 환경이나 상식의 범위, 가치관은 천차만별로 사람들의 수만큼 그 종류도 다양합니다. 당연한 말이지만 나 자신과 타인은 전혀 다른 생물임을 잊어서는 안 됩니다.

이런 전제를 잊어버리면 주변의 평가에 필요 이상으로 흔들리게 되어 우울증에 압도되는 등 마음이 피폐해질 수 있고, 그 것을 부정하거나 자신의 가치관을 타인에게 밀어붙이다 보면 언쟁으로 번져 더 큰 부작용을 낳게 됩니다.

예를 들어 SNS에서 대화를 나누는 사람들의 글을 보노라면 서로 자신의 의견만을 고집해서 무한궤도를 달리는 평행선인 채로 결말을 짓지 못하는 경우가 많습니다. 그들 대부분은 자기의 의견만 옳다고 강조할 뿐 상대방의 말은 귀에 들어오지도 않는 것입니다.

자신과 다른 의견을 말한다고 해서 무조건 반사적으로 부정만 할 게 아니라 '그런 생각도 할 수 있구나' 하면서 인정하는 태도가 중요합니다. 단번에 결론을 내리기보다 서로의 의견을 인정하고 공존하면서 더 나은 길을 찾는 것이 현명한 대화법입니다.

물론 자신의 생각을 가슴에 담아 둔 채 모든 것을 상대방의 의견에 따를 필요도 없습니다. 반대로 상대방이 따르도록 만들려고 기를 쓸 필요도 없습니다. 상대방의 의견을 듣고 자기 자신과 다르다고 느낄 경우에는, 자신 안에서 상대방의 의견을 충분히 생각하고 음미해 보도록 합시다. 그를 위해서 추천하고 싶은 강력한 무기가 바로 경청입니다.

듣고, 듣고 또 듣는 사람이 되어라

경청은 단지 상대방의 이야기를 듣는 것이 아니라 상대방의 이야기를 이해하려고 열심히 귀를 기울이는 것을 가리킵니다. 그러나 우리는 의외로 다른 사람들의 말을 잘 듣지 않습니다. 자기의 생각에만 꽉 붙잡혀 있어서 어떻게 상대방을 설득할까 하는 생각의 올무에 사로잡혀 있기 때문입니다.

정신과 의사를 찾아오는 환자들은 일반적인 검사로는 확실히 알 수 없는 마음의 상태를 파악해야 하기 때문에 될 수 있는 한 자세히 이야기를 듣고 환자의 상태를 충분히 이해한 뒤 진단을 확정하기 때문에 정신과 의사들끼리는 특별한 경청의 테크닉을 공유하고 있습니다.

경청은 의료 현장뿐만 아니라 카운슬링, 비즈니스 커뮤니케이션, 학교, 심지어 모든 인간관계에서도 가장 중요한 덕목으로 주목받고 있습니다. 경청의 본질은 상대방의 이야기를 이해하는 것에 목적을 두고 열심히 귀를 기울이는 것으로, 일방통행적인 대화가 아니라 상대의 입장에 주안을 두고 나의 태도를 결정하는 것이기에 언제 어디서든 꼭 필요한 일입니다.

경청이 일상생활에서 도움이 될 만한 장점으로는 우선 확실하게 이야기를 듣는 자세를 익히게 됨으로써 인간관계가 순탄해진다는 점을 들 수 있습니다. 당신도 자기의 생각을 일방적으로 늘어놓는 사람보다는 당신의 이야기를 충분히 들어주는 사람과 대화를 나누고 싶을 것입니다.

게다가 상대방의 말을 분명하게 듣게 되면 그의 입장에서 생각할 수 있게 됩니다. 그러면 상대방이 기다리는 답을 알게 됨으로써 나는 거기에 맞는 말을 할 수 있는 것입니다. 내가 먼저 하고 싶은 말을 늘어놓게 될 경우, 만에 하나 그가 원하는 답이 아닐 경우엔 더 이상 대화가 진행될 리가 없으니 그것만으로도 경청의 중요성을 이해할 수 있습니다.

당신도 친구에게 고민을 털어놓는 것만으로 마음이 편해진 경험이 있을 것입니다. 자신의 상태를 입 밖으로 꺼낼 때, 그것만으로도 심리적 안정을 찾게 되거나 말하는 동안에 생각이 정리되어 스스로 해결방법을 찾거나 하는 일은 임상 실험으로도 검증이 되었습니다. 그럼 여기서 5가지 훌륭한 경청법을 이야기하겠습니다.

① 나 자신을 위해서 듣지 않는다

경청은 그것이 목적이 되면 실패하기 쉽습니다. 경청을 하면서 그 전제는 무엇보다도 상대방에게 흥미를 갖고 '당신을 깊이 이해하고 싶다'고 하는 마음가짐이 중요합니다.

그러지 않고 당신의 속셈을 미리 알아보겠다고 대놓고 경청을 하려 든다면 상대방은 오히려 마음을 닫고 정작 중요한 말은 하지 않을 수도 있습니다. 그러니 경청은 배려라는 말을 잊지 말기 바랍니다.

② 상대의 눈을 본다

이것은 커뮤니케이션의 기본이지만 의외로 하지 못하는 사람이 많습니다. 직접 눈을 바라보는 것이 부끄러운 사람은 무리를 해서 눈을 마주치려고 하기보다는 미간을 향하면 됩니다.

대화를 나누다 보면 스마트폰 등을 만지작거리거나 여기저기 두리번거리면서 말하는 경우가 많은데, 이것도 안 됩니다. 대화는 상대방과의 커뮤니케이션으로 상대에게 집중해야 하는데 시선이 분산된다면 예의도 아닐뿐더러 대화의 효과도 사라질 것입니다.

③ 맞장구를 친다

맞장구는 이야기에 맞춰서 대답을 꼭 하지 않더라도 '당신의 이야기를 잘 듣고 있습니다'라고 하는 사인이 됩니다. 그렇기에 대화를 나눌 때는 의식적으로 맞장구를 쳐주는 리액션이 큰 효과를 낳게 됩니다.

다만 너무 지나치면 부자연스럽기 때문에 알맞은 타이밍에 알맞게 반응하는 것이 좋습니다. 여기에 적당한 추임새를 섞어 상대의 이야기에 호응하면 상배방은 호의적인 눈으로 당신을 바라보게 될 것입니다.

문제는 상대방이 마음에 들지 않는 말을 하거나 나와 너무 다른 견해를 피력할 때입니다. 상대의 말은 들을 생각을 않고 너무 일방적으로 자기 얘기만 하는 경우도 마찬가지입니다.

그럴 때는 상대의 이야기 템포에 맞춰서 적당한 끼어들기를 합니다. '그런데 이런 경우는 어떨까요?', '말씀 중에 이런 의견도 있을 텐데요' 하고 슬쩍 화제를 돌려 보는 것입니다. 이런 일이 반복되면 상대방은 당신에게 대화의 기회를 줄 것입니다.

④ 상대방의 말을 반복한다

상대방이 뱉은 말을 반복함으로써 대화에 리듬이 생기도록 합니다. 맞장구만 치다 보면 상대방은 이야기를 멈추지 않기에, '당신은 이렇게 생각하는군요'라는 말을 도중에 반복함으로써 상대방이 자신의 사고를 정리할 기회를 주도록 합니다.

또한 상대방이 말한 내용을 반복함으로써 이야기에 공감하고 있음을 드러낼 수 있기 때문에 상대방의 기분을 부드럽게 만드는 효과도 얻을 수 있습니다.

⑤ 이야기를 정리한다

대화를 나누면서 어느 정도 경청할 수 있게 되면, 그 다음에 필요한 것은 이야기를 정리하는 일입니다. 마지막에 이야기를 간단히 정리해서 상대방에게 확인하고, 서로 다른 의견은 없는 지를 확인해 보도록 합니다.

이야기를 정리함으로써 상대방의 말을 정확하게 듣고 있으며 이해하려고 한다고 하는 자세를 내보일 수 있고, 동시에 상대방이 생각을 정리하는 데 도움이 됩니다.

이제부터 일반적인 대화에서도 경청의 방법을 의식해서 상대방의 이야기를 들어 보기 바랍니다. 그렇게 하면 보다 많은 사람들의 생각을 폭넓게 알게 되고, 그럼으로써 내 생각의 폭을 확장시킬 수도 있습니다. 일상에서 경청하는 습관을 들이면 보다 풍부한 감정을 갖게 될 것입니다. 이야기를 듣는다는 것은 단순한 듯하지만 그 과정에서 상대의 깊은 속내를 알 수도 있으니 꼭 일상에서 사용해 보길 바랍니다.

5장

정신적 문제들
케이스별 해결법

이럴 때는 어떻게 해야 할까?

정신적 문제들, 케이스 별 해결법

인생의 단계별 변화 때문에 마주해야 하는 고민도 여러 가지입니다. 진학, 취직, 결혼, 출산, 퇴직 등이 그것입니다. 이번 장에서는 우리가 자주 하는 고민을 10대에서 50대까지 남녀의 케이스별로 나누어 다루겠습니다. 조금이라도 자기 자신이 안고있는 고민에 가까운 것이 발견되면 참고하기를 바랍니다.

결론부터 말하자면, 무엇을 불안하게 여기는지에 대해 마음을 열고 고민과 마주하는 것이 고민을 가장 훌륭하게 다루는 비법입니다. 앞에 열거된 고민들은 아니더라도 어떤 문제에 직면했을 때 어떻게 생각하고 행동하면 좋을지 사고를 이끄는 힌트가 되기를 바랍니다.

친구를 사귈 수 없어 고민하는 남학생

A군은 고등학교에 입학한 지 6개월이 넘었다. 그의 최대 고민은 함께 소소하게 이야기를 나눌 만한 친구는 있지만 특정한 그룹에 속하지 못하고 밥을 같이 먹거나 놀러가거나 하는 친구가 없다는 점이다.

왕따를 당하지도 않고 학교생활에 불만이 있는 것도 아니지만 혼자 지내는 게 너무 외로워서 마치 무인도에 뚝 떨어져서 지내는 기분이다. 중학교 때 친구들은 대부분 다른 학교로 진학해서 만날 수가 없고, 그렇다고 잡다한 친구들과 어울리고 싶지도 않아서 매일 혼자 지낸다. 그래서 요즘에는 학교가 끝나면 곧바로 집으로 돌아가 혼자서 게임만 하고 있다.

| Dr. Sidow의 어드바이스 |

먼저 깨달아야 하는 것은 학교에 친구가 없어서는 안 된다는 규칙은 없다는 사실입니다. '친구가 없다→고독하다→불행하다'라고 느낄 필요는 없다는 뜻입니다. 중학교 때 친구들과 만

날 시간이 줄어들었다고 해도 여전히 친구인 채로 남아 있고, 그들과의 관계성이 나빠졌을 리 없다면 친구가 없다고 고민할 필요는 없습니다.

다만 이런 고민을 해결하려면 조금은 용기를 낼 필요가 있습니다. A군과 같은 학생의 특징은 사이좋은 친구가 없다고 고민하면서도 스스로 친구를 만들려고 적극적으로 움직이지는 않는다는 것입니다.

진학이나 취직 등 생활환경이 한 번에 바뀌게 되면 인간관계도 바뀌는 법입니다. 그런데도 수동적인 태도로 친구가 다가오기를 기다리기만 하고, 친구가 생기지 않아서 학교가 재미없다는 생각에 빠진다면 너무 안타까운 일입니다

새로운 환경에서는 모르는 사람이 많을 수밖에 없습니다. 그런 상황에서 스스로 움직이지 않고는 사람들과 사이좋게 지내는 것이 어렵기 때문에 대화를 나눌 기회를 스스로 만드는 태도가 필요합니다.

물론 낯선 친구들에게 적극적으로 나서는 것이 무척 힘든 일이라고 생각될 수도 있지만 우선 간단히 인사부터 시작해 보는

건 어떨까요? 이런 식으로 용기를 내어 할 수 있는 일부터 시작하면 의외로 그것이 계기가 되어 가볍게 이야기를 나눌 수 있는 친구가 생길지 모릅니다.

누구나 한 번 접촉한 사람에 대해서는 안심하는 경향이 있기에 인사를 나눈 뒤에는 자연스럽게 대화를 이어갈 수 있습니다. 한 번 인사를 나눈 다음에는 서로의 존재를 인식한 상태가 되니 긴장하지 않고 이야기할 수 있습니다.

케이스 2
20대　　SNS에서 구독자 반응이 신경 쓰이는 여성

카페에서 아르바이트를 하며 생계를 유지했지만 시급이 좋지 않아서 고민하던 B는 인터넷을 보다가 유튜브로 짭짤하게 소득을 올린다는 사람들의 이야기에 마음이 움직여 당장 유튜브를 개설했다.

그녀는 우선 구독자 수를 늘리는 것이 중요하다고 들었기에 일상의 일들을 매일 같이 새로 올렸다. 처음엔 자신의 소소한

일상을 시시콜콜 소개하는 사진을 올렸는데, 의외로 구독자들이 늘어나고 나름 반응도 좋아서 신이 났는데 그러다 보니 차츰 댓글과 구독자 수에 매달리게 되었다.

사진을 올린 후 5분마다 스마트폰을 확인하는 등 정성을 다했는데, 시간이 조금 지나면서 생각보다 구독자 수가 늘어나지 않아 기분이 상했다. 그러다 돈을 벌기는커녕 유튜브를 운영하는 데 상당한 돈이 필요하다는 걸 알게 되어 앞으로 계속해야 할지 고민된다.

| Dr. Sidow의 어드바이스 |

이 고민에 대해 먼저 생각해야 할 점은 자신이 무엇을 목적으로 유튜브를 운영하고 있는지 목적성이 뚜렷해야 한다는 점입니다. 단순히 돈을 벌기 위한 행위라면 비용과 수고에 비해 소득을 올리기가 대단히 어렵다는 사실을 알아야 합니다.

더구나 단순히 구독자 수가 늘었다고 해서 자동적으로 돈이 들어올 리가 없으니 그런 식으로 매일 유튜브의 반응에 휘둘린다면 차라리 그 시간에 아르바이트를 해서 착실히 돈을 버는 편이 나을 것입니다.

사실 많은 사람들이 누구는 유튜브로 돈을 꽤 많이 벌었다더라, 구독자 수가 얼마라더라 하며 그렇다면 나도 한 번 해볼까 생각하고 직접 뛰어드는 경우가 많은데, 평범한 사람의 유튜브 성공 비율은 극히 낮다는 사실을 알아야 합니다. 그냥 취미생활로 하는 것이면 모를까 소소하고 일반적인 주제로는 대부분 무관심 속에서 혼자만 고군분투하게 됩니다.

이런 이유로 유튜브를 포함한 SNS와 거리를 조금 두는 편이 좋지 않을까 생각합니다. 게다가 SNS에 사진을 무작위로 올리는 것은 자신의 신상을 함부로 알리는 것과 같으니 조심하는 편이 좋겠습니다.

케이스 3
20대
취업에 번번이 실패하는 남자 대학생

K군은 대학교 4학년으로 취업 활동을 시작하면서 일단 유명 대기업들에 지원서를 냈지만 번번이 낙방이었다. 그런데 별로 희망하지 않던 몇몇 중소기업에서 연락이 와서 어쨌든 면접을 봤는데 그나마도 전부 불합격이었다.

대학에 들어가서 동아리 활동도 하지 않았고 다른 어떤 학내 활동에도 참여하지 않았기 때문에 대학생활에 대해서는 이렇다 하게 내세울 게 거의 없었다.

그럭저럭 공부에 뒤떨어진 것은 아니지만 그렇다고 장학생은 아니어서 아르바이트를 전전하며 등록금 때문에 고생해야 했다. 애초에 앞으로 무엇을 하고 싶은지, 앞으로 어떻게 살아가고 싶은지, 그런 고민 없이 그럭저럭 대학생활을 보낸 것 같다.

왜 그렇게 천하태평으로 아무 생각 없이 시간을 보냈을까? 특별한 추억 하나 없이 완전히 4년을 허비한 느낌이다. 다른 친구들은 슬슬 취업이 결정되어 떠나가는데 자기 혼자만 낙오되는 것 같아 초조하기만 하다.

| Dr. Sidow의 어드바이스 |

K군의 경우는 취업 활동을 하는 동료 학생들과 마찬가지로 최대 고민 중 하나입니다. 하지만 분명한 사실은 이제 고작 20대 초반인데 무엇을 해낼 수 있는 사람은 별로 없다는 사실입니다. 자신이 무엇을 하고 싶은지 아직 분명하지 않은 사람이 더 많다는 이야기입니다.

취업 활동을 하다 보면 자기 자신을 더 세련되게 꾸미거나 조금이라도 좋게 보이려고 노력하지 않으면 안 된다는 부담감에 시달립니다. 자신이 하고 싶은 일이 확실하지 않기 때문에 중심이 흔들리고 성과로 이어지지 않는 것이 현실입니다.

그런데 취업 활동이라는 짧은 기간 중에 자기 자신을 바꾼다는 것은 몹시 어려운 일이므로 취업 활동 자체를 스스로에게 초점을 맞춰서 '나는 어떤 일에 관심이 있고, 어떤 분야로 진출하고 싶었는지'를 지금 다시 한 번 생각해 볼 기회로 만드는 것도 좋은 방법입니다. 그런데도 잘 안 되는 경우에는 취업을 1년 뒤로 미루는 선택을 해도 좋을 것입니다.

K군도 자신의 인생을 생각해서 취업 활동을 한다기보다는 그런 환경에서 벗어나고 싶다는 마음에서 움직인 듯이 보입니다. 그렇기에 이 회사, 저 회사를 돌아다니며 헛된 방황을 하고 있는 게 아닌가 싶습니다. 하지만 주변의 상황에 흔들리지 않고 자신의 발걸음에만 호흡을 맞추며 움직이다 보면 반드시 취업하는 날이 올 것입니다.

직업 선택은 앞으로의 인생에 막대한 영향을 주는 중요한 일입니다. 자신이 지금 걸어가고 있는 길이 어디로 향하는지를 포함해서 다시 한 번 자기 삶을 점검해 볼 필요가 있습니다.

사실 K군의 고민은 혼자만의 고민이라기보다 세상의 모든 젊은이들이 안고 있는 고민이기도 합니다. 대학교 졸업반이니 당장 좋은 회사에 취직을 해야 한다는 고민은 세상의 풍조에 따른 것으로 평범하기까지 합니다.

그렇게 영향을 받고 깊은 고민에 빠진 것 또한 자기 스스로 만든 것입니다. 그 옹어리진 생각에서 한 발 벗어날 수 있다면 새로운 선택지가 보일 것입니다.

케이스 4
20대 　　　항상 남자친구에게 휘둘리는 여성

직장여성 L은 혼자 있으면 외로움을 참지 못해서 항상 남자친구가 옆에 있어야 합니다. 그런 집착 때문에 남자친구가 떠나버리면 그녀가 워낙 적극적으로 매달리기 때문에 또 다른 남자친구가 비교적 빨리 생기는 편인데 그때마다 상대의 마음에

들려고 무엇이든 다해주곤 합니다.

또한 상대의 마음이나 행동이 신경 쓰여서 남자친구의 스마트폰을 몰래 들여다보거나 수도 없이 SNS를 훔쳐보며 그의 현재 상황을 파악하는 등 무척이나 신경을 쓰는 편입니다.

그러다 집착이 심해져서 상대방을 추궁하는 일이 생기면 말싸움으로 번져서 격심한 언쟁이 벌어지고, 이런 일로 정이 떨어진 남자로부터 버림을 받는 상황을 반복하고 있습니다.

사실은 그녀도 때로는 자신의 이런 성격에 지치곤 합니다. 그래서 어떻게든 마음의 안정을 찾으려 노력하고 다른 취미를 가지려 애를 써보지만, 남자친구 앞에만 서면 이런 습성이 어김없이 되돌아옵니다.

| Dr. Sidow의 어드바이스 |

이런 문제는 자신이 상대방에게 주는 것이 있는데 그에 상응하는 것을 받지 못하면 계산이 맞지 않는다고 생각하는 사람들에게 흔히 생기는 트러블입니다. 자신이 진심을 다했고 그것으로 만족한다면 좋은 일인데, 함께 있을 때는 나만 바라보라는 식으로 고집을 피우고, 빈번하게 연락해야 한다는 등 상대방을 꼼짝 못하게 묶어 놓으려고 합니다.

상대의 상황이나 입장이 있는데, 그런 것을 깡그리 무시하고 자신의 가치관을 상대방에게 강요합니다. 그렇게 하면 상대방은 부담으로 느끼고 자유를 원하게 되기 때문에 결과적으로는 한눈을 팔거나 헤어지는 수밖에 없다고 생각할 것입니다. 나만 바라보길 원하는 마음이 나쁜 것은 아니지만, 그 생각을 상대에게 밀어붙이며 강요하는 것은 그만두어야 합니다. 한 번이라도 상대의 의견에 귀를 기울이면 상대방의 마음을 존중하는 일이 되기에 사랑은 더 깊어지게 됩니다.

만약 항상 연락을 주고받고 싶다는 마음이 있다면 '밤에, 자기 전에는 꼭 한 번 연락을 주고받자' 같은, 서로에게 맞는 행동을 찾아보는 것이 중요합니다. 어느 한쪽의 생각에 치우쳐 버리면 결국 다른 한쪽이 약속을 지켜내지 못하고 다툼으로 발전하게 됩니다.

가치관이 다른 사람끼리 발 맞춰 걸으면서 서로에게 허용할 수 있는 포인트를 설정하는 것은 좋은 관계를 더 오래 이어가기 위해서 중요합니다. 그렇게 양보했는데도 잘 되지 않았다면 애초부터 오랜 기간 같이 있을 수 없는 상대였을지도 모릅니다.

당연한 말이지만, 연인이 되어 지낸다고 해서 상대방이 무엇이든 내 생각대로 될 리는 없습니다. 좋아하는 마음이 강하다고 무엇을 해도 용서받을 수는 없는 것처럼 말입니다.

상대방의 입장이나 상황이 있다는 걸 이해하는 것이 중요합니다. 최선을 다하는 것은 자신이 그렇게 하고 싶어서 하는 것이므로 상대에게 칭찬을 받고 싶거나 되돌려 받길 원해서는 안 됩니다. 그렇지 않으면 점점 괴로워질 뿐으로, 아무리 사랑하는 사이라도 서로에게 냉정한 태도가 필요하다고 생각합니다.

케이스 5 20대	매사에 지나치게 노력하는 남자

대학을 졸업하고 중견기업에 입사한 P는 매일 업무에 쫓긴다. 업무 자체에는 흥미가 있어서 의욕적으로 일하고 있지만 애초부터 완벽주의적인 성격 탓에 맡은 일은 끝까지 해내지 않으면 마음이 편하지 않다.

상사들이 잔업을 최대한 자제하고 빨리 퇴근하라고 하는데도 도중에 일을 다 마치지 못하고 중간에 귀가하는 일에 부담을 느껴 연일 잔업을 계속한다.

그러자 귀가가 한밤중인 12시를 넘기는 일도 잦아서 수면시간이 짧은 탓인지 요즘에는 집중력이 떨어져 있음을 실감한다. 그 때문에 일의 능률이 떨어지고, 게다가 업무시간까지 길어지게 되는 악순환에 빠져 있다

| Dr. Sidow의 어드바이스 |

이런 일은 취업을 한 지 얼마 안 되는 사람 중에 성격이 세심하고 책임감이 강한 신입사원에게 있을 법한 고민입니다. 빨리 업무를 익혀 능력 있는 사원이라는 말을 듣고 싶은 욕구가 강해 욕심과 일에 대한 흥미를 가진 사람들에게서 흔하게 나타나는 현상입니다.

완벽주의자들은 처음부터 최고의 결과물을 얻으려고 하는 경향이 있습니다. 하지만 너무 거기에 매달리면 오래 가지 않아 기운을 다 써버릴 수 있습니다. 전력을 다하겠다는 마음은 알겠지만 강요당하는 것도 아닌데 무리를 해서 한계를 넘어서까지 일하는 상황은 매우 위험합니다.

그런 사람의 배경에는 '해내야만 하는 사고'가 내재되어 있다고 볼 수 있습니다. 일하기 위해서는 끝까지 열과 성을 다해 노력해야만 한다든가, 절대로 쉬어서는 안 된다는 등 스스로 자기 자신을 몰아붙이는 경우가 많습니다. 일하는 방식에 대한 개혁의 흐름이 전개되는 요즘, 그런 방식은 회사에서도 원치 않을 수 있습니다.

자신이 지나치게 많이 노력하고 있다는 사실을 알아차리지 못하면 나중에 큰 반동으로 올 수 있습니다. 한계에 다다라서 기진맥진하다가 쓰러져서 아무것도 할 수 없는 상태보다는 적절한 휴식을 통해 그때그때 원기를 회복하면서 일하는 편이 생산성도, 효율도 좋기 마련입니다. 무턱대고 노력할수록 자신의 위치를 알아차리기 어렵기 때문에 주의가 필요합니다.

평소보다 집중력이 떨어진다든가 잠을 자도 피로가 다음날까지 이어지는 등의 징후는 자신의 몸 상태를 알아차리라고 하는 사인이니 그런 때는 몸의 소리에 확실하게 귀를 기울이도록 합시다. 평소와 다르다는 것을 깨닫게 되면 확실하게 휴식을 취한다거나 일을 빨리 끝내고 기분전환을 하는 등 의식적으로 마음의 변화를 일으켜야 합니다.

또한 일정 기간 집중할 필요가 있는 일은 나름의 과학적인 스케줄 관리를 통해 스스로 관리해나가도록 합시다. '여기까지는 무리해서라도 노력하지만, 그 다음은 제대로 쉬자' 하는 식으로 보다 장기적인 스케줄을 잡아서 에너지를 한꺼번에 다 써버리지 않도록 하는 것이 현명합니다.

케이스 6
30대　　　　　일에 빠져 사는 커리어우먼

지금 다니는 직장에서 일한 지 10년 정도 지났다. 직원 80명의 꽤 잘 나가는 디자인회사로, 사회생활을 시작하면서 처음 입사한 후부터 계속 기획 분야에서 근무해서 일 자체에 보람을 느낀다.

특별히 결혼을 의식하지 않고 생활해 왔는데, 최근 들어 주변에서 결혼을 주제로 이야기하는 사람이 많다. 나는 별로 집착하지 않는데, 친구들이 '적령기를 놓치지 마라'라든가, 어머니에게 '아이는 빨리 낳는 편이 좋다'는 등의 말을 듣는 것이 스트레스다.

나로서는 지금 이대로도 만족스러운 생활을 할 수 있고, 좋아
하는 일을 계속할 수 있어 만족하게 살고 있는데, 왜들 그렇게
내 인생에 시시콜콜 참견이 많은지 모르겠다. 이런 스트레스
에서 어떻게든 벗어나고 싶지만 방법을 모르겠다.

| Dr. Sidow의 어드바이스 |

'여성은 반드시 결혼해서 아이를 낳아야 한다'는 생각이야말
로 전근대적인 사고방식 중 하나입니다. 그럼에도 이런 압박감
이나 부담 때문에 고민하는 사람들이 많은 것이 현실입니다.

하지만 절대로 결혼하지 않으면 안 된다는 일이란 없기에 주
위사람들의 의견보다도 자신이 정말로 무엇을 원하고 있는지를
존중하도록 합시다.

부모나 친구를 위해 결혼하는 것도 아니고 아이를 낳지 않으
면 안 되는 일도 아닙니다. 자신의 현재 생활이 만족스럽고 좋
아하는 일도 할 수 있어서 결혼하고 싶지 않다면 그 생각을 중
시해도 무방할 것입니다. 그 가치관은 결코 부정당할 것이 아니
기에 자신의 마음에 솔직하게 따르는 것이 중요합니다.

살다 보면 '꼭 이렇게 해야만 한다', '이렇게 하지 않으면 안된다'는 생각에 휘둘리는 일이 꽤 많습니다. 지금은 일하는 것이 좋아서 아직 결혼할 마음이 없다고 부모님을 설득해 보지만 부모와는 세대도, 가치관도 다르기에 자신의 생각을 이해받지 못한 채 설득을 실패로 끝내버리는 일이 허다합니다.

부모의 의견을 존중하고 소중히 받아들이는 것도 필요하다고 봅니다. 하지만 당신의 인생은 당신의 것이지 부모의 것이 아닙니다. 자립한 어른이라면 더욱 그렇습니다. 그렇기에 만약 부모의 말이 자신의 마음을 혼란스럽게 만드는 원인이 된다면, 가치관이 맞지 않는 의견과는 거리를 두는 것도 선택지 중 하나라고 생각합니다.

물론 부모님이 뭐라고 말하든 한쪽 귀로 흘려듣고 아무렇지도 않게 지낼 수 있다면 마음이 흔들리는 일은 없을 것입니다. 하지만 매번 그런 대화로 인해 마음이 쓰인다면 적당한 거리를 두고 서로를 생각하는 선택지도 있다는 사실을 알기 바랍니다.

'아직은 결혼하고 싶지 않아!' 하고 단호한 마음을 먹었다면, 그런 의지를 부모님에게 확실히 각인시키면서 나름의 삶을 충실하게 꾸려나가면 부모님도 당신의 선택에 수긍을 하면서 마음의 여유를 가지고 당신을 지켜볼 것입니다.

부업으로 대박을 꿈꾸는 남성

직장생활 10년차인 M은 지금 다니는 회사에서 줄곧 일해 왔지만, 업무 내용이나 수입에 만족할 수 없어 인터넷으로 부업을 해보기로 마음먹었다. 기본적인 전략으로, 우선은 SNS 팔로워를 늘리고 지명도를 올린 다음에 수입을 늘려 가는 방식을 찾아보기로 했다.

같은 방식으로 고액의 수입을 창출하는 사람들을 팔로우하고 그들의 방식을 참고삼아 그만의 노하우를 축적해 나갈 작정이었다. 그러나 시간은 흘러가는데 고액의 수입은커녕 생각만큼 팔로워가 늘지 않아 고민이었다.

가만히 계산해 보니 이 일을 시작하면서 장비 구입이나 콘텐츠 개발을 위해 꽤 많은 돈이 들어가 이대로 그만둔다면 손해액이 상당할 것 같았다. 어떻게 하면 좋을까? 요즘 들어 그는 일이 손에 잡히지 않아 멍하니 허공만 바라보고 있을 때가 많다.

이 경우는 고민이라기보다 헛된 욕망과 일확천금의 요행수 때문에 생긴 문제라고 볼 수 있습니다. 세상에 공짜는 없습니다. 아무 전문성도 없이 누군가 유튜브로 큰돈을 벌었다는 소문만 듣고 여기에 뛰어든 것이 잘못이었습니다.

30대가 되면 이렇게 무의미한 것에 시간을 소비하기보다 자신이 해야 할 일에 집중하는 것이 무엇보다 중요합니다. 아무리 부업이라고 해도 스스로 전략을 잘 세워서 실행하지 않으면 성과를 내지 못할 것은 뻔한 일입니다. 30대인데도 그런 생각을 하지 못했다면 인생 공부를 한참 더 해야 할 것 같습니다.

세상에는 돈을 많이 버는 방법이 넘쳐나지만 실제로 성공한 사례는 열 손가락 안에 들어서 누군가의 노하우를 무조건 따라 하는 것만으로 성공하지 못한다는 사실을 알 수 있습니다.

자기가 잘 모르는 분야에 뛰어들거나 약간의 지식만으로 전부 아는 것처럼 생각해서 거금을 들여 온라인 비즈니스에 착수하는 것은 실패 확률 100%를 보장합니다. 그만큼 인터넷을 매개로 하는 비즈니스가 녹록치 않기 때문입니다.

그런가 하면 최근에는 개인적으로 부업을 허용하는 기업들이 증가하고 있다는 말도 들리는데, 그런 사람들을 대상으로 하는 세미나도 늘고 있다고 합니다. 하지만 그 중에는 고액의 수업료를 받고 말 그대로 먹튀를 하는 악덕업자들도 있어 주의를 요합니다.

지금 이 순간에도 부업을 고민하는 N잡러들이 분명히 있을 것입니다. 인터넷에 난무하는 정보나 SNS로 알게 된 전혀 모르는 사람에게 기대기 전에 그런 상황을 상담할 수 있고 도움을 줄 선배나 동료를 찾아서 진지하게 의논을 하면 큰 문제를 막을 수 있을 것입니다.

케이스 8
30대

하는 일이 너무 재미없는 남성

지금 다니는 회사는 사회생활을 하면서 두 번째 직장이다. 첫 직장에서는 5년 정도 근무했는데, 흔히들 말하는 악덕기업이었기 때문에 어떻게 해서든 도망치려고 퇴직했다. 그리고 약간의 기간을 두고 새롭게 취업활동을 해서 현재의 회사로 이

직했다.

악덕기업만 아니면 된다는 점을 우선으로 해서 골랐기에 일 자체는 버겁지 않아서 비교적 여유가 있지만 내가 하고 싶은 일이 아니라 그런지 매일 지루하다. 월급이나 근무 조건이 그렇게 나쁜 것도 아니기에 그만둘 정도는 아니지만 앞으로 내 생활을 어떻게 이어가면 좋을지 막막하다.

| Dr. Sidow의 어드바이스 |

우선 악덕기업을 그만둘 결단을 내리고 실제로 행동으로 옮겼다는 것은 매우 훌륭하다고 봅니다. 하지만 안타깝게도 악덕기업을 그만둔 것만으로 무조건 즐거운 인생이 시작될 리가 없습니다.

일을 그만두었다는 것은, 다시 말해서 출발선으로 되돌아갔다는 말이므로 거기서부터 새롭게 무엇인가를 시작할 수 있을지도 모른다며 다시 한 번 스스로 생각하지 않으면 안 됩니다.

이번 케이스에서는 자신이 일을 하면서 무엇을 원하고 있는지, 일을 선택하는데 있어서 무엇을 가장 중시하고 있는지가 최대의 포인트가 되어야 합니다.

물론 악덕기업에서 계속 일하는 것은 권하지 않습니다만, 사람의 특성에 따라 일이 잘 맞거나 안 맞거나 하는 것은 당연히 존재합니다. 바쁘게 일하는 쪽이 맞는 사람이 있다면 될 수 있으면 적당하게 일을 해내고 사생활을 충실하게 보내고 싶은 사람도 있을 것입니다.

그렇기에 만약 지금 일하는 방식에 의문을 가지고 있다면 그 회사 내에서 개선을 할 수 있을지, 부업을 시작할지, 아니면 또 다른 회사로의 전직도 시야에 넣고 일할지 등 자신이 정말 하고 싶은 일과 실제의 상황을 저울질하는 것이 중요합니다.

다만 과거에 악덕기업에서의 근무 경험이 고통이었던 사람은 앞으로는 업무에 부하가 걸리지 않도록 부업이나 여가 쪽을 충실히 보내는 선택지를 고르는 쪽이 현명하지 않을까 합니다.

미지근한 물과 같은 환경에 있으면 점점 게을러지거나 생활 리듬이 둔해지는 일도 있어서, 시간적 여유가 있을 때야말로 비어 있는 시간을 유용하게 활용할 찬스이므로 사람들을 계속해서 만날 것을 추천합니다.

사람들을 만나서 여러 가치관을 접하다 보면 더욱 자신의 시야를 넓힐 수 있습니다. 여러 사람과 교분을 나누는 일이 힘들 경우에는 책을 읽는 것부터 시작해도 좋을 것입니다. 책을 읽으면서 자신이 체험할 수 없는 일들을 간접적으로 알면 동기부여가 높아지게 될 것입니다.

> 케이스 9
> 40대
>
> **가족 문제로 스트레스가 쌓인 주부**

가정주부 K씨는 대학생인 딸과 중학생인 아들이 있다. 대학생 딸은 하루가 멀다 하고 술을 마시고 들어오는데, 간혹 집에 들어오지 않는 날도 있는데다가 평일에도 집에 있는 시간이 많아서 제대로 대학교에 다니고 있는지도 모르겠다.

중학생인 아들은 사춘기를 겪는 중이라 말을 듣지 않는다. 뭔가 문제가 있는 것 같아 이야기를 들어 주려고 말을 걸어 보면 오히려 시끄럽다고 대꾸도 없이 어딘가로 나가버린다.

남편은 뭐가 그리도 바쁜지 술에 취해 밤늦게 귀가하기 일쑤여서 얼굴을 맞대고 이런 문제를 상의할 수도 없다. 어쩌다 아이들 문제를 말하면 남편은 '그냥 내버려 두어도 괜찮아'라며 도무지 진지하게 받아들여 주지 않아 짜증이 증폭된다. K씨는 가정을 위해 오로지 나 혼자만 애쓰고 있다는 느낌이 들어 가족 모두에게 스트레스를 느낀다.

| Dr. Sidow의 어드바이스 |

40대가 되면 아이들도 부모와 거리를 두어 속을 썩이고, 생각대로 되지 않는 가족에 대한 걱정이나 스트레스가 끊이지 않는다고 말하는 여성들이 많습니다. 이런 고민은 가족끼리 마음을 터놓고 대화를 나누지 않는 것이 원인이라고 볼 수 있습니다.

자녀교육은 누구라도 처음 경험하는 것이기에 부모는 아이와의 관계성이나 자식의 교육 방법에 대한 이상을 갖기 마련입니다. 그 이상과 현실이 크게 멀어지면 누구나 큰 스트레스를 느끼게 됩니다.

"나는 이렇게 노력하고 있는데, 모두가 그것을 알아주지 않고 내가 말하는 것을 들어주지 않는다."

이런 식의 실망감에 빠지는 여성들이 너무도 많습니다. 하지만 이것을 조금 다른 각도에서 생각해 볼 필요가 있습니다. 그것은 당연한 현상입니다. 특히 중학생 정도의 연령은 사춘기나

반항기가 있는 시기이고 대학생은 대학생대로 어울리는 인간관계가 넓어져가는 시기이기에 부모가 이런저런 이야기를 해도 상황은 좀처럼 개선할 수 있는 것이 아닙니다.

그런 의미에서 본다면 자유롭게 내버려 두라고 말하는 남편의 의견도 크게 틀린 말은 아닙니다. 부모가 컨트롤할 수 없는 부분에 대해서는 그냥 내버려 두고 지켜봐 주는 일밖에 할 수 있는 것이 별로 없는 게 사실입니다.

그렇다고는 해도 하루 종일 집에서 그런 아이들과 얼굴을 맞대고 있는 어머니가 자녀 문제로 고민에 바로 빠지는 것을 이해할 수 있습니다.

하지만 자녀를 키우는 일에 정답도 없고 완벽도 없기에 생각대로 되지 않을 수밖에 없는 것입니다. 즉, 자신이 아무리 말해도 변하지 않는다면 그것은 컨트롤할 수 없는 일이니 양육 방식을 바꿀 수밖에 없다는 결론입니다. 따라서 오히려 내버려 두거나 긍정하거나, 지금까지와는 다른 접근 방식으로 아이를 대하는 것은 어떨까요?

한 가지 조언을 드리자면, 어머니가 일주일에 한 번 정도는 집안일을 방치하고 좋아하는 일로 하루를 보내는 등 자신을 해방시킬 시간을 만드는 방법을 권합니다.

아이가 어느 정도 성장을 했다면 하루 정도 집안일을 하지 않아도 어떻게든 돌아갈 것입니다. 이렇게 가끔은 자기 자신을 해방시키고 지친 마음을 위로받는 일로 몸과 마음을 쉬게 만드는 것은 정신건강을 위해 정말 중요합니다.

40~50대 여성 환자들 중에는 '저녁식사를 준비하는 것이 너무 힘들다'고 말하는 분들이 많습니다. 그래서 '매일 직접 만들지 말고 가끔은 외식을 하거나 반찬을 사먹는 것도 좋지 않겠습니까?'라고 제안했더니, 이런 답이 돌아왔습니다.

"남편이 아내가 직접 지은 밥을 먹어야 한다고 고집하는 사람이어서……."

여기서도 여성은 스스로 자신을 하나의 사고에 얽매어 놓는 습관 때문에 마음고생을 하고 있음을 알게 됩니다. 이런 사고의 왜곡을 떨쳐버리고 자신이 편해질 수 있는 방법을 생각하고 남편과 진지하게 의논해 보는 것은 어떨까요? 아내의 제안을 매정하게 거절하는 남편은 그리 많지 않을 것입니다.

그런 선택을 함으로써 정신적인, 그리고 육체적인 부하를 완화할 수 있습니다. 여기서 '편해진다'는 것은 '손을 놔 버린다'는 것과 같은 의미가 아닙니다.

'편해진다'는 말은 '무턱대고 노력하지 않는다'는 뜻에 가깝기에 조금만 시각을 바꾸면 편해지는 일에 죄악감을 느낄 필요 없이 오히려 보다 효율적으로 사는 방법을 발견할 수 있기 마련입니다.

그러다 보면 가족도 엄마가 혼자서 애쓰는 모습에 부담스러움을 느낄 수도 있기에, '일주일에 하루는 집안일을 쉬겠다'고 선언하면 새로운 변화가 생겨서 가족의 사고나 행동이 호전될 수 있는 패턴도 나타납니다. 너무 완벽을 추구하지 말고 몸과 마음이 조금 더 편해질 수 있는 방향으로 살아가길 바랍니다.

> 케이스 10
> 40대   술을 끊을 수 없는 남성

Y는 중소기업에서 영업부장으로 일하고 있는 40대의 남성으로, 10년 전에 결혼해서 초등학생인 아이가 한 명 있다. 그런데 업무와 관련해서 거래처와 미팅이 많은데다 권유를 받으면

거절하지 못하는 성격이라 빈번하게 저녁식사를 하고 늦게 귀가하는 바람에 가족과 함께 할 시간이 없다.

미팅 예정이 없어서 집에 일찍 들어오기라도 하면 아내와 아이는 '오늘은 웬일로 집에 일찍 왔네요?'라고 빈정거리듯 말한다. 그때마다 면목이 없지만 온갖 변명과 핑계를 대며 늦은 귀가를 반복하고 있다.

음주 습관이 생긴 탓인지 요즘엔 휴일에 집에 있을 때 식사가 끝난 다음에 술을 마시거나 조금 시간 여유가 있으면 술병에 손이 간다. 그러다 월요일 아침이면 숙취에 시달리며 출근하는 일도 종종 있다. 술을 그만 마셔야 한다고 생각은 하지만 좀처럼 그만둘 수 없어 걱정이 크다.

| Dr. Sidow의 어드바이스 |

Y는 알코올 중독의 예비군일 가능성이 높은 듯합니다. 매일 술을 마시는 습관이 알코올 중독은 아니지만 Y의 음주 방식은 알코올 중독으로 발전할 위험이 높다고 볼 수 있습니다.

알코올 중독으로 발전하는 케이스의 대다수가 부정적인 음주 습관에서 시작합니다. 친구나 동료와 즐겁게 술을 마시는 일은 중독이 되기 어렵지만 스트레스를 완화시키려고, 싫은 일을 잊어버리려고 음주를 즐기는 방식을 계속하면 필연적으로 음주량이 늘어날 수밖에 없어서 그런 습관을 깨닫는 순간에는 이미 술에서 벗어날 수 없는 상황에 빠지기 쉽습니다.

Y의 사고나 성격을 당장 바꾸는 것은 어렵겠지만 개선할 여지는 있어 보입니다. 그를 위한 첫 걸음은 사람들과의 만남을 극단적으로 줄이는 것입니다. 회사의 회식이나 거래처 미팅을 업무의 연장이라고 생각할 수도 있겠지만, 거절할 수 없다고 해서 전부 참석하려고 하는 것에 대해서는 다시 생각해 봐야 합니다.

앞에서 나왔지만 직접적으로 거절하는 것이 어려운 성격이라면 어울리지 못하는 이유를 사전에 몇 가지 준비해두고 미리 주위에 알리는 등 당당하게 거절할 수 있는 상황을 만들어서 대처하도록 하는 것이 중요합니다.

또한 가족과의 관계성도 그다지 좋지 않은 듯한데 빈정대는 말을 듣게 된 것도 아내나 자식 탓이라기보다는 스스로 뿌린 씨앗이라는 사실을 부정할 수 없을 것입니다. 가족은 나쁜 의미에서가 아니라 그저 단순하게 머리에 떠오른 말을 했을 뿐인데, 본인 스스로 '가족보다 회사 업무를 우선으로 하고 있다'는 죄악감 때문에 빈정대는 듯이 들렸을 가능성도 있을지 모릅니다.

어찌 되었든 가족을 위해서, 또는 자기 자신을 위해서 가족과의 관계성을 지금이라도 개선할 필요가 있습니다. Y 스스로가 바뀌면 가족의 실망이나 비난도 잠잠해질 테고 관계성도 확연하게 개선될 수 있을 것입니다.

우선은 술을 마실 기회를 줄인다, 미팅이 있더라도 최대한 빨리 귀가한다, 집에서 술을 마시는 시간이나 양을 제한한다 등을 항상 의식하고 가족과 함께 하는 시간을 늘립시다. 그렇게 하면 조금씩 가족으로부터 신뢰를 얻을 수 있을 것입니다.

행동의 변화 하나로 생활의 스트레스도, 가족과의 관계성도 개선할 수 있다면 가능한 일부터 조금씩 의식적으로 바꾸어가야만 한다고 생각합니다.

남편과의 불화로 고민하는 여성

가정주부 T는 두 아이가 모두 진학과 취업으로 집을 떠나 현재는 남편과 둘이서 생활하고 있다. 아이들이 집을 나가 가사 부담이 줄었기 때문에 요가나 독서 등 지금까지 할 수 없었던 일들을 하려고 했는데, 왠지 마음이 우울해서 막상 하려니까 엄두가 나지 않는다.

남편은 정년퇴직을 해서 집에 있는 시간이 많은데, 활동적인 타입이 아니라 둘이서 어딘가로 놀러가거나 하지도 않는다. 결혼 초부터 지금까지 T가 남편에게 먼저 의견을 낸 적이 거의 없기 때문에 무슨 대화를 하면 좋을지 몰라서 어색하기만 하다.

| Dr. Sidow의 어드바이스 |

이번 케이스는 정신과 용어로 '빈 둥지 증후군Empty nest syndrome'이라고 합니다. 아이들을 새라고 칠 때 새끼 새가 둥지를 떠나자 어미 새는 살아갈 의욕이나 보람을 잃고 우울해지는

상태를 나타냅니다.

이 상태에서 탈출하기 위해서는 모처럼 생긴 자유 시간을 긍정적으로 활용하려는 마음가짐이 중요합니다. 또 대다수의 고민을 봐도 부부 둘만이 집에 남겨지기에 남편과 아내 사이의 협력과 보조도 중요하게 됩니다.

남편도 지금까지 몇 십 년이나 일을 해오다가 갑자기 남는 시간이 늘어서 무엇을 하면 좋을지 모른 채 안절부절못하며 시간을 보내는 쪽이기에 둘이서 대화를 하면서 서로 시간 활용을 위한 새로운 제안을 해나가는 자세가 필요합니다.

특히 최근에는 수명이 늘어서 노후의 시간이 평균적으로 20년 이상 연장되었습니다. 다시 한 번 살아갈 보람을 발견해서 행동으로 옮기지 않으면 치매나 중풍 같은 질병에 걸려 거동이 불편해지는 상태가 되는 일도 충분히 생길 수 있습니다.

그렇기에 아이가 둥지를 떠난 지 아직 시간이 얼마 되지 않은 타이밍에 부부 사이에 새로운 삶의 보람을 발견하느냐 마느냐가 삶의 질을 좌우하는 열쇠가 됩니다.

특히 지금까지 일만 해온 남편일수록 이웃들과 어울리지도 않고 친구도 없는 경우가 많습니다. 남편이 집에서 멍하니 있는 상황을 방치해 두면 어느 순간 치매가 진행되어 노후의 대부분을 간병하면서 보내야 하는 미래가 될 수도 있습니다.

오랜 기간 곁에 있는 두 사람이기에 둘이서 노후를 어떻게 보내면 좋을지 무릎을 맞대고 앉아서 두 번째 인생을 현명하게 살아갈 계획을 세우는 것이 매우 중요합니다.

케이스 12
50대
젊은 사원들에게 화가 나는 50대 직장인

H는 중소기업에서 인사부장으로 근무하는 50대 남성이다. 약 30년간 현재의 회사에서 근무하면서 꽤나 업무에 열의를 가져 왔다고 자부하고 있다.

그런데 최근 20~30대의 젊은 사원들을 보고 있으면 솟아오르는 화를 참기 힘들다. 예를 들어 인사이동에 대한 불평을 늘어놓거나 정시에 용수철처럼 일어나 퇴근하거나 회식을 거절하는 등 예전에는 상상조차 할 수 없는 행동을 하기에 그들의 태도에 대해서는 듣는 것만으로도 스트레스가 쌓인다.

옛날과 지금은 다르다는 것은 잘 알지만 젊은 사원들에게 자기 자신과 마찬가지로 열심히 업무에 임했으면 하는 마음이 들어 그들을 보는 눈이 괴롭기만 하다.

| Dr. Sidow의 어드바이스 |

시대에 따라 사물에 대한 사고나 가치관은 크게 바뀌기 마련입니다. 세상의 변화를 알아차리지 못하면 과거의 가치관에 매달려 엉뚱한 사고방식과 행동을 저지르는 일도 생깁니다.

어쩌면 H도 20대 시절에는 자신의 가치관을 몰아붙이면서 옛날이야기를 내뱉던 상사에게 반발한 때가 있었을 것입니다. 자신이 그런 시기를 보냈고, 열심히 노력해서 이뤄놓은 업적에 자부심을 갖게 되었기에 자신과 마찬가지로 부하직원들도 노력하길 바란다는 마음을 충분히 이해할 수는 있습니다.

하지만 여기엔 '당연하게 여기는 사고'가 잠재되어 있다는 것이 문제입니다. '일은 이렇게 해야만 한다', '신입사원은 이렇게 해야만 한다'는 편견과 고집에 사로잡혀서 시야가 좁아지면 어떤 부하직원도 좋아할 리가 없습니다.

'업무가 끝나고 술 한 잔 하며 피로를 푼다', '젊은 시절의 무용담을 끝도 없이 펼쳐댄다', '똑같은 이야기를 몇 번이나 반복한다' 등등 자신이 젊은 시절에 선배들에게 당하면서 그렇게나 싫어했던 일들을 이제는 나이를 먹어가면서 자신이 하게 되었다는 이야기는 자주 듣는 스토리입니다.

자신이 젊은 시절에 싫어했던 일을 반복하지 않도록 주의하는 것만으로도 부하와의 관계성은 개선될 수 있습니다. 중요한 것은, 후배들과 어울리는 방식이나 관계성을 바로잡는 것입니다. 그러니 어쩌면 적절한 거리를 두며 가만히 지켜보는 것도 현명한 처신일지 모릅니다.

업무적인 일이라면 선배의 경험이나 지식이 도움이 되는 일이 많기에 부하직원의 입장에서는 선배의 의견이 참고가 될 수는 있겠지만, 업무적인 일이 아니라면 오히려 상사가 부하에게 배우는 일도 있기 마련입니다.

서로가 배워 나가면 일에 대한 동기부여도 됩니다. 다만 지금의 젊은 세대는 사적인 시간을 최우선하는 사람들이 많기 때문에 사생활에는 그다지 개입하지 않는 등 어느 정도 일정의 거리감을 유지하는 것이 중요합니다.

6장

마음의 병에서
꼭 알아야 할 것들

마음의 병과 관련된 키워드를 잊어버려라

가볍게 이야기되는 키워드, 주의가 필요하다

거의 매일 미디어에서 정신적인 문제를 다루는 뉴스나 정보가 나돌고 있습니다. 그런가 하면 마음과 관련된 개념을 알기 쉽게 골라내어 가벼운 키워드와 함께 설명되는 일이 자주 눈에 띄기도 합니다.

그러다 보니 미디어에서 만들어낸 말들이 언제부턴가 사람들 사이에서 정식 명칭인 것처럼 이야기되어지는 일도 적지 않습니다. 이런 상황은 대응이 필요한 정신적 부조화 상태를 일반인들에게 보급해서 치료할 것을 알린다는 점에서는 플러스가 되는 일도 있습니다.

그러나 한편으로는 정신과의 문제들이 너무나 가볍게 다뤄지기 때문에 사람들이 중요하게 받아들이지 않는 경향도 우려되기도 합니다.

누군가 자신에게 정신적 문제가 있는 것처럼 인터넷에서 주워들은 정보를 남발하는 모습을 보면, '이 사람은 가볍게 이야기하고 있는데 정말로 가볍게 여겨도 괜찮은 걸까? 실은 중증인 상태가 아닐까?'라는 생각이 들어 정신과 의사로서 걱정이 될 때가 많습니다.

그래서 이 챕터에서는 미디어가 자주 사용하는 정신과 언어들을 소개하고 그 내용을 자세히 설명해 보겠습니다. 구체적으로, 우선은 키워드가 의미하는 올바른 심리 상태와 다음으로는 그와 같은 심리 상태에 빠지는 배경에 대해 설명하겠습니다.

내가 이렇게 불안정한 상태였나?
: 만만히 보면 위험한 키워드

가볍게 다뤄지는 키워드 중에서는 아무 대처도 하지 않고 방치하다가는 큰 문제가 되는 것도 있습니다. 질병 키워드가 가리키는 올바른 심리 상태를 모른 채 입 밖으로 뱉는 것과 알고 말하는 것은 큰 차이가 있습니다. 키워드의 내용을 정확하게 알고 단어를 올바르게 사용해서 적절하게 대처하도록 합시다.

1. 적응 장애
: 매년 찾아오는 상태라도 방치하면 위험한 이유

적응 장애란 예를 들어 매년 3월에 입학이나 취직을 계기로 환경이 바뀌다 보니 어떻게든 잘 순응하려고 하지만 어찌 된 까닭인지 쉽게 열의가 사라지거나 조금만 일을 해도 피로를 느끼는 상태를 말합니다.

황금연휴나 여름휴가 같은 장기간의 휴식을 끝내고 업무에 복귀했을 때 업무에 쉽게 복귀할 열의가 생기지 않는 것은 어쩌면 당연하다고 볼 수 있습니다. 그러나 이런 일이 반복되어 스트레스가 쌓이다 보면 어김없이 나타나는 증상이 바로 적응 장애입니다. 적응 장애란 분명하게 확인할 수 있는 스트레스에 의한 심리 행동에 변조를 일으키는 정신 장애입니다. 진단 기준은 다음과 같습니다.

- 확실한 스트레스 요인이 있어서 3개월 이내에 증상이 나타남.
- 반복되는 고통이 있어서 일상생활에 지장을 준다.
- 다른 정신질환을 동반하거나, 특별한 징후도 없다.
- 따라서 스트레스 요인이 사라지면 개선되어 6개월 이내에 좋아진다.

정신적인 측면의 구체적인 증상으로는 불안이나 초조, 분노, 짜증, 안절부절, 우울감 등을 들 수 있습니다. 신체적인 측면에서 증상이 나타나는 일도 있는데 쉽게 나타나는 증상으로는 두통이나 어깨 결림, 헛구역질, 피로감, 불면증 등이 있습니다.

사람에게는 적응 능력이라는 것이 있어서 황금연휴가 끝나면 한 달 정도는 몸 상태가 나빠도 조금 지나면 다시 일상생활에 익숙해져서 평범한 생활을 할 수 있는 경우도 많습니다. 그러나 의심되는 증상이 2~3개월 동안 계속되는 경우에는 스트레스를 받고 있는지조차 제대로 느끼지 못할 수 있으니 주의가 필요합니다.

또한 학교나 직장에 갈 수 없다, 몸에 증상이 나타나서 업무에도 영향을 끼친다 등의 경우에는 적응 장애가 생겼을지도 모릅니다. 이런 증상이 느껴질 때는 우선 지금의 증상을 일으키는 원인과 멀어지도록 하는 것이 필요합니다.

스트레스의 원인이 인간관계라면 그 관계를 끊는 것을 생각해 보십시오. 직장에서의 문제라면 이직, 또는 휴직을 고민하는 등 어떻게든 멀어지도록 해봅시다. 적응 장애를 그냥 내버려 두면 우울증으로 진행하는 일이 있기에 더욱 주의가 필요합니다.

2. 스마트폰 치매

: 스마트폰의 지나친 사용이 일으키는 건망증

스마트폰 치매란 최근 미디어에서 자주 보는 신조어로, 지나친 스마트폰 사용으로 인해 너무나 많은 정보가 뇌 속으로 들어옴으로써 뇌가 피로를 느껴 건망증이 늘어나는 증상을 가리킵니다.

그런데 치매는 뇌의 기질적인 변화에 의한 불가역적인 반응이라고 정의되고 있습니다. 여기서 '기질적'이란 실제로 뇌에 닥치는 위기를 말합니다. 예를 들면 알츠하이머성 치매는 뇌의 신경세포에 특수한 단백질이 쌓이는 등 실제로 어떠한 변화를 동반하는 상황을 가리킵니다.

'불가역적'이란 말은 다시 돌아갈 수 없는 변화를 가리킵니다. 한번 이 증상이 나타나면 현대의학으로는 고칠 수 없는 것이 바로 불가역적인 변화입니다. 그 때문에 통상적으로 치매가 발병한 경우에는 실제로 뇌에 어떤 변화가 있고 그와 동시에 진행이 되어 간다면 치료가 불가능합니다.

그런데 스마트폰 치매는 지나친 스마트폰 사용으로 인해 자주 잊어버리게 되는 증상이 나오더라도 그것은 뇌의 변화라기보다는 정보의 양이 이전과 비교해서 훨씬 늘어난 것이 원인이라고 할 수 있습니다.

예를 들어 지금까지는 정보를 평균적으로 10밖에 얻지 못한 사람인데 스마트폰을 통해 100을 얻게 되었다고 칩시다. 평소보다 90이나 늘어난 정보량이기에 그중 일부를 잊어버리는 일은 어쩔 수 없는 일입니다. 스마트폰 치매는 애초부터 치매의 정의와 다르고, 자주 잊어버리는 일도 병적인 변화라고까지는 할 수 없다는 뜻입니다.

흔히 스마트폰을 지나치게 사용하는 아이는 학습 능력이 저하된다고 하지만 단순히 지금까지 공부에 충실했던 시간이 스마트폰의 사용 시간으로 나누어지니 학습 능력은 자연히 떨어지기 마련이라고 할 수 있습니다.

그렇지만 스마트폰을 적절히 유익하게 활용해서 자신에게 플러스가 될 만한 배움을 얻는 사람들도 있습니다. 예를 들자면 프로그래밍에 대한 학습을 하거나, 특정한 지식을 폭넓고 깊게 수집하거나, SNS로 팔로워를 늘려서 수입을 얻는 일입니다.

그 때문에 단순히 학습 능력이라는 기준만을 적용하면 성적을 떨어트린다고 말할 수도 있겠지만 그것 자체만으로 평가하는 것이 과연 타당할까 생각됩니다.

학교의 성적은 떨어졌다고 해도, 어쩌면 스마트폰을 통해 학교에서는 얻지 못하는 여러 분야의 정보를 얻고 있을지 모릅니다. 그와 같은 측면에 눈을 돌리지 않고, 일방적으로 스마트폰의 부정적인 부분만을 강조하고 있는 미디어도 많은 듯합니다.

제 자신도 평소에 꽤 스마트폰을 사용하고 있습니다. 수면시간이 줄었다, 눈이 피로하다 등의 관점에서 말하자면 지나친 사용은 나쁘다는 걸 알면서도 자꾸 스마트폰에 손이 가면서 역시 편리하고 자신의 시야가 넓어져서 매일 성장하고 있다고 실감하고 있습니다.

그래도 스마트폰에 너무 많이 의존하는 것은 좋지 않습니다. 지나치게 의존하다 보니 항상 지니고 있지 않으면 불안하다거나 무료할 때는 무조건 스마트폰을 집어 드는 버릇이 생겼거나 과도하게 사용해서 집중력을 잃어버리는 등의 증상이 나타난다면 요주의입니다.

그렇다 하더라도 이것은 '스마트폰 치매'와는 별개의 문제입니다. 나는 개인적으로 스마트폰 치매라는 말을 사용하지 않는 편이 좋다고 봅니다. 스마트폰 치매라는 신조어를 만들어서 괜한 심리적 부담감을 만드는 현상에 동의하지 않기 때문입니다.

설령 매스컴이 호기심을 불러일으킬 목적으로 그런 용어를 남발하더라도 그것에 휘둘려서 쓸데없이 불안을 느끼지 말도록 합시다. 알맞은 스마트폰 사용법을 자기 나름으로 찾아나가는 것이 중요합니다.

3. 게임 중독

: 아무리 노력해도 게임을 그만둘 수가 없다

2018년 6월 세계보건기구WHO는 국제질병분류ICD-11에 '게임 장애'가 추가되었다고 발표했습니다. 그로 인해 게임회사나 게임을 좋아하는 유명인들로부터 반대의 목소리가 나오기도 했습니다.

게임을 계속 즐기다 보니 좀처럼 그만둘 수 없다고 말하는 사람들이 많습니다. 그런 사람들을 가리켜 중독이라고 정의하는 것에는 찬반양론이 있고 나도 어느 정도 인정하는 측면이 있지만, 여기서 한 발 더 나아가 장애라고 말하는 것에 대해서는 할 말이 있습니다.

한 마디로 말해서 지나치게 게임에 빠지는 것만으로는 중독에 포함되지 않습니다. 중독인지 아닌지에 대한 판단은 게임의 지나친 사용으로 인해 사회나 회사, 학교, 가정에 큰 장애를 일으키느냐 아니냐가 포인트입니다.

예를 들어 게임을 지나치게 해서 학교나 직장에 갈 수 없게 되거나 살아가는데 필요한 식사나 운동을 하지 않아 건강을 해치고 있거나 하는 경우에는 이미 생활에 영향이 나타난 것이기에 중독이라고 판단될 수 있습니다.

또한 게임을 할 수 없는 환경이 되면 짜증을 내거나 폭력적이 되거나 게임머니를 지나치게 사용해서 생활이 곤란해질 정도의 경우도 마찬가지입니다. 즉, 게임중독은 플레이 시간의 길이로 정해지는 것이 아니라 발생되는 문제의 수준으로 판단하는 것입니다.

게임을 하는 것이 돈을 버는 수단이 되거나 직업이 되거나 하는 일도 있기에 일부의 사람들이 질병이라고 생각하는 것과는 다르지 않느냐고 말하는 사람도 있습니다. e스포츠 선수나 게임 실황 중계자는 하루에 대부분의 시간을 게임하는 데 사용하고 그것이 생활의 일부가 되어 있습니다.

하지만 게임중독에 빠진 사람은 알코올이나 약물처럼 게임하는 것 자체가 목적이기 때문에 앞으로의 사회생활을 생각하지 못하는 상태가 되어 있습니다.

알코올을 예로 들면, 알코올 중독인 사람이 섬세한 맛을 구별할 필요가 있는 소믈리에 같은 직업을 얻는 것이 어려운 것처럼 게임중독이 되면 게임 자체를 즐기기보다 게임을 하고 있는 상태를 우선으로 해버리는 게 문제가 됩니다.

특히 온라인게임의 경우에는 게임에 명확한 종료가 없고 동시에 주변과의 경쟁이나 협력이 불가피하기 때문에 지나치게 빠지다 보면 게임중독이 될 가능성이 높다고 합니다. 온라인게임에 의한 사회적인 문제점을 인식한 WHO는 게임중독을 정신질환에 포함시키기로 정한 것이라고 봅니다.

확실히 찬반양론이 있겠지만 이것을 계기로 게임중독이 주목을 받아서 치료법이나 예방책 등의 연구가 진행된다면 그것이야말로 바라는 일입니다.

매일 재미있는 듯한 게임들이 계속해서 쏟아져 나오고 있는데, 정신을 빼앗길 만한 게임에는 애초부터 시작하지 않는다는 결단도 내릴 필요가 있지 않을까 싶습니다.

4. HSP

: 너무 예민해서 생활 자체가 힘들다면

최근 HSP라는 말을 자주 듣게 됩니다. HSP Highly sensitive

Person 란 '매우 섬세한 사람'이라는 뜻으로, 구체적으로는 별 것 아닌 말에 쉽게 상처받고 빛이나 소리 같은 자극을 쉽게 느끼며 소설이나 영화에 쉽게 감정이입하는 등 심신이 매우 민감한 특징을 가진 사람을 가리킵니다.

근래에는 정신과를 찾아오는 사람들로부터 '나는 HSP일까요?'라는 질문을 자주 받습니다. 우선 설명하자면 HSP는 병명이 아니기에 정신과에서 일반적으로 진단하거나 치료하는 일은 거의 없습니다.

하지만 실제로 요즘 한창 정신적 문제의 키워드로 주목받고 있어서인지 자신이 HSP인지 아닌지에 대해 고민하는 사람들이 많은 것이 사실이기에 이 문제에 대해 소개하고 싶습니다. HSP는 크게 나누어 3가지 특징이 있다고 합니다.

- 지나치게 깊이 생각한다 : 무슨 일을 시작할 때 진행 속도가 남보다 많이 느리거나 남의 말에 지나치게 예민하게 반응한다.
- 자극을 비정상적으로 받아들인다 : 냄새나 소리를 쉽게 알아차리고 큰 소리나 빛 등이 불편하다.
- 공감능력이 높아서 쉽게 감정이입이 된다 : 다른 사람이 혼나고 있으면 자신도 슬퍼지거나 영화나 드라마의 등장인물에 쉽게 감

정이입을 한다.

이 3가지 모두가 나타날 경우에는 HSP라고 볼 수 있습니다. HSP는 통계적으로 인구의 약 15~20% 정도를 차지하고 있으니 우리 주변에 비교적 흔하게 찾아볼 수 있는 현상입니다.

HSP는 자극에 민감하기 때문에 작은 일에 금방 지치고 인간관계에 대한 고민을 쉽게 느끼거나 쉽게 우울해지는 경향이 있습니다. 일반적인 사람들보다도 스트레스에 민감하기 때문에 우울증에 걸리기도 쉽다고 합니다. 다만 HSP는 그 자체가 질병이 아니라 태생적인 특성이며 확립된 치료법이 없기 때문에 기본적으로는 본인이나 주위사람들이 그 특성을 잘 파악하고 살아가야 합니다.

스스로 HSP라고 느낀다면 어떻게 하면 좋을까요? 중요한 것은 최대한 자극을 멀리하는 것입니다. 예를 들어 사람들이 많은 장소에는 될 수 있으면 가지 않는다, 큰소리나 강한 빛이 있는 장소에는 가까이 가지 않도록 한다 등입니다.

그러나 지나치게 깊이 생각한다, 공감 능력이 높다 등의 특성은 부정적인 특성이라기보다는 긍정적으로 발전시킬 요소이기 때문에 멀리할 수가 없습니다. 이 경우에는 자기 자신의 특성을 받아들여서 플러스로 전환될 방법을 생각할 수밖에 없다고 봅니다.

지나치게 생각한다는 것은, 반대로 말하자면 일반적인 사람들보다도 좋은 아이디어가 떠오를 가능성이 크다고 볼 수 있습니다. 감정이입을 쉽게 한다는 것은 여러 작품을 보다 폭넓게 즐길 수 있는 것입니다. 공감 능력이 높다는 특성을 살리면 주위사람들로부터 신뢰받을 수 있는 사람이 될 수 있습니다.

이와 같이 특성을 플러스로 채워 나감으로써 자신의 강점으로 바꿔가는 자세를 갖는 것이 중요합니다. HSP가 널리 알려지게 됨으로써 HSP 사람들을 보다 많이 배려하도록 환경이 만들어져 갈 가능성도 있습니다. 이런 점은 HSP라고 하는 개념이 널리 알려짐으로써 생긴 장점이라고 할 수 있을 것입니다.

지금까지의 키워드에 해당되는 사람들의 심리 상태

지금까지 마음과 관련된 키워드가 어떤 심리 상태를 나타내고 있는지를 설명해 왔습니다. 미디어가 가볍게 사용하는 키워드 중에서도 그냥 내버려 두면 중증으로 이어질 위험성이 포함되는 것에 주의를 기울이게 되지 않았나 싶습니다.

이제부터는 이런 키워드에 해당되는 사람들이 어떠한 심리 상태에 빠져 있는지를 설명하겠습니다. 주위에서 보면 '왜 그런 일을 하고 있어? 빨리 그만 두면 될 텐데…'라고 생각되는 일인데도 거기서 빠져나올 수 없는 이유가 있게 마련입니다.

이 같은 심리 상태에 빠진 배경을 인지함으로써 자신만이 아니라 가족이나 친구 등 가까운 사람들에게도 그것이 남의 일이 아님을 알 수 있을 것입니다. 또한 주변에 위와 같은 심리 상태에 해당되는 사람이 있다면 그의 상태에 대한 이해를 높여 앞으로 어떻게 대할지를 다시 한번 생각해 보고 잘 대처할 수 있기를 바랍니다.

7장

심리를 흔드는 환경에 적절히 대처하기

빠른 대처가 필요한 3가지 심리상태

1. 마운팅(Mounting)

: 항상 우위선점을 하려는 사람의 심리

마운팅이란 자신이 상대방보다 우위에 있음을 나타내려는 언행을 말합니다. 본래는 원숭이나 고릴라가 자신의 우위성을 나타내기 위해서 실제로 상대를 덮쳐누르는 행위를 말하는데, 사람은 일반적으로 말이나 태도로 마운팅을 합니다. 자신의 우위성을 표현하려는 마운팅에는 몇 가지 종류가 있는데 그 중에서도 대표적인 3가지를 소개하겠습니다.

① 단순한 자랑

마운팅에 익숙한 사람들은 연봉이나 학력 등을 자랑삼으면서 우위성을 표현하는 일이 많습니다. '최근 돈을 벌었어' 같은 말을 그냥 말로 그치는 것이 아니라 SNS에 고가품 구입을 올리거나 충만한 생활을 누리고 있는 듯한 모습을 올리는 것도 일종의 마운팅이라고 할 수 있습니다.

② 자학적인 비교

이것은 단순한 자랑이 아니고 상대방을 치켜세우는 것 같지만 사실은 우위선점을 하려는 고도의 수법입니다. 'S씨, 오늘 패션 멋있는데! 나도 그 나이 때는 그런 옷 자주 입었지!' 하고 상대방을 칭찬하는 듯이 말하지만 사실은 자신의 자랑을 넌지시 비추면서 우위성을 드러내는 것입니다.

③ 어드바이스 형

이것은 상대에게 호의를 베풀고자 하는 마음도 어느 정도 있겠지만 자칫 잘못하면 마운팅이 되는 경우입니다. 예를 들어 'B는 이런 모습이 잘 어울려'. '너는 내가 말하는 대로 하면 좋아' 같은 말들은 우월한 의식에 사로잡힌 태도로 어드바이스를 하면서 은연중에 상대보다 자신이 특별한 존재임을 어필하는 모양새를 취합니다.

사람들은 왜 이런 식으로 마운팅을 하는 것일까요? 마운팅을 하는 대다수의 사람들은 자신을 잘난 인간으로 생각해주면 좋겠다, 사람들로부터 인정받고 싶다는 욕망이 있습니다.

승인 욕구나 칭찬받고 싶어 하는 마음이 강한 사람은 계속 우위선점을 하려는 경향이 있습니다. 그런데 인정받고 싶어 하는 마음의 배경에는 그 사람의 높은 프라이드 또는 열등감이 내재되어 있다는 점입니다.

예를 들어 연봉이나 학력으로 우위선점을 하려는 사람들은 자신이 지금까지 해온 노력에 대한 프라이드가 있어서 지고 싶지 않다는 마음 탓에 마운팅을 하는 경향이 있는데 때에 따라서는 프라이드가 아니라 열등감이 배경에 있는 경우도 있습니다.

사실은 용모에 콤플렉스가 있으면서, 아니면 제대로 못하는 분야를 주위에 들키지 않도록 하기 위해서 자랑할 수 있는 부분만을 어필하는 것입니다.

그리고 마운팅을 하는 경향의 사람 중에는 자신감이 넘치는 것이 아니라 아예 자신감이 바닥이거나 불안감으로 인한 태도일지도 모릅니다. 따라서 그런 사람을 만나면 기분 나쁘다는 생각보다는 그냥 웃어넘기는 것이 좋습니다.

실제로 마운팅을 당하면 어떻게 하면 좋을까요? 우위선점을 당했을 때의 대처법은 왜 상대가 그런 행동을 했는지 추측해 보는 것입니다. 우위선점을 당하면 거기에 반사적으로 감정적으로 대처할 것이 아니라 냉정하게 상대방의 발언이나 행동의 의도를 생각해 봅시다.

예를 들어 자신의 배경에 프라이드를 내세우는 것 같다면 '이 사람은 자신의 노력을 인정받고 싶은 거로군' 하고 생각하거나 말과 행동의 배경에 열등감이 있는 것 같다면 콤플렉스 때문에 그렇게 말하는 것이라고 생각하면 나쁜 기분도 조금은 완화될 것입니다.

자신이 지나치게 부정적으로 받아들이고 있지는 않은지를 생각하는 것도 중요합니다. 예를 들어 상대가 일이 바빠서 전혀 휴가를 낼 수 없다고 했을 때, 바쁘다는 것으로 마운팅 당한다고 받아들일 수도 있지만, 정말로 바빠서 그렇게 말하는 경우도 있습니다.

또한 어드바이스 형이라도 정말로 마음에서 우러나오는 조언을 하는 경우도 있습니다. 따라서 그런 말이 정말로 마운팅인지 아닌지를 구분하는 것이 중요합니다.

기본적으로 마운팅을 하는 듯한 언행에 대해서는 가볍게 흘려보내든가, 상대방이 엄청나다는 것을 빨리 인정해서 화제 전환을 하는 게 좋습니다. 하지만 빈번하게 마운팅을 반복하는 상대방이 있어 기분이 나빠지는 경우가 많다면 그 사람과는 의식적으로 거리를 두는 편이 좋을 것입니다.

신경을 곤두서게 만들거나 상처를 주는 발언을 반복하는 상대와 마주하는 일은 큰 스트레스가 되기 때문입니다. 자신의 멘탈을 지키기 위해서라도 그런 상대와는 만남을 줄이거나 SNS 계정을 삭제해 버리는 방법을 고민하기 바랍니다.

정말로 실력이 있는 사람은 굳이 우위선점을 할 필요가 없습니다. 왜냐하면 실제로 성과를 내어 이미 자연스럽게 주위로부터 인정받고 있기 때문입니다.

원래 마운팅은 원숭이나 고릴라가 하는 행동이므로, 빈번하게 마운팅을 하는 사람 때문에 기분이 나빠진다면 '저 사람은

원숭이나 고릴라와 마찬가지'라고 생각하면서 마음을 진정시키
도록 합시다.

2. 아동 학대
: 너무나 사랑스러운 아이에게 왜 그런 짓을 할까?

가끔 미디어를 통해 알려지는 아동 학대 소식을 접할 때마다
너무 안타깝고 가슴이 미어집니다. 정신과에서도 아동이나 노
인, 남녀 연인사이의 학대를 다루는 일이 많은데, 학대는 크게
나누어 4가지로 분류할 수 있습니다.

- 신체적 학대 : 아이에게 폭력을 가하는 등의 행위
- 성적 학대 : 성적행위의 강요, 추행의 행위
- 심리적 학대 : 차별이나 심리적으로 상처 주는 말과 행동에 의한
  학대
- 방치 : 최소한으로 필요한 양육만 하고 방치하는 행위

2017년 통계에 의하면 심리적 학대가 54%, 신체적 학대

24.8%, 방치 20%, 성적 학대 1.2%로 나타나 심리적 학대가 과반수를 차지한 사실을 알 수 있습니다.

같은 해에 일본 전체의 아동상담소에 학대 문제로 찾아온 상담 건수는 133,778건으로, 출생률 저하로 아이들이 현저하게 줄어가고 있음에도 매년 상승하는 경향을 보입니다. 학대 중에서도 심리적 학대나 성적 학대는 알아차리기가 어려워서 겉으로 나타나지 않는 경우가 많기 때문에 실제로는 더욱 많은 케이스가 드러나지 않았을 가능성이 큽니다. 가해자는 친부모가 대부분으로 어머니가 46.9%, 아버지가 40.7%였습니다. [01]

왜 자기가 낳은 자식을 학대하는 것일까요? 먼저 가해자 자신이 부모로부터 애정이 결핍된 환경에서 자란 점을 들 수 있

---

[01] 우리나라의 경우 2021년 보건복지부 통계에 따르면 아동학대 사례 유형은 중복학대가 16,026건(42.6%)으로 가장 높았다. 정서학대 12,351건(32.8%), 신체학대 5,780건(15.4%), 방임 2,793건(7.4%), 성학대 655건(1.7%) 순으로 나타났다. 중복학대 중 신체학대+정서학대가 13,538건(36.0%)으로 가장 높았고, 정서학대+방임이 1,011건(2.7%), 신체학대+정서학대+방임이 798건(2.1%), 모든 학대 유형이 함께 발생한 신체학대+정서학대+성학대+방임은 16건(0.0%)이었다. 학대행위자와 피해아동과의 관계는 부모에 의한 발생 건수가 31,486건(83.7%)으로 가장 높았는데 친부에 의한 피해는 16,944건(45.1%)건이고, 친모에 의한 피해는 13,380건(35.6%)이었다. 출처_보건복지부 〈2021년 아동학대 주요통계〉

습니다. 예를 들어 자신이 학대받은 경험이 있다면 아이에 대한 훈육이 자연스럽게 학대로 이어져 자신의 아이에게도 학대를 하는 경우가 흔합니다.

또한 학대하는 사람의 성격적인 경향으로 강한 지배욕이나 상대방이 자신의 생각대로 행동하기를 바라는 사고입니다. 학대함으로써 아이가 자신의 생각을 따르면 자기 자신의 욕구가 채워지기 때문에 더욱 더 학대가 심해진다는 악순환에 빠집니다. 이런 성격의 사람은 애인이나 배우자에게도 마찬가지 태도를 취하는 일이 많기에 주위사람들은 학대를 하고 있음을 알아도 보복이 두려워 눈으로 지켜봐도 못 본 척을 합니다.

아동 학대를 막기 위해서는 어떻게 하면 좋을까요? 중요한 것은 학대를 개인의 문제로 생각하지 않는 것입니다. 학대하는 쪽은 스스로 행동을 억누르는 것이 어려운 상태이기 때문에 그 방지를 위해서는 가족뿐만이 아니라 외부 주변인들의 개입도 중요합니다.

학대가 의심되는 경우, 주위사람들이 재빨리 아동상담소에 신고하는 것이 중요합니다. 실제로 의사는 학대가 의심되는 경우 즉각 신고할 의무가 있는데, 이것은 확증이 없더라도 의심되는 시점에서 곧바로 신고한다는 뜻입니다. 그만큼 위급한 일로 판단한다는 뜻입니다.

학대는 가정 내에서 쉽게 일어나서 주위에서는 알아차리지 못하는 경우가 많기에 초기 발견과 초기 예방이 무엇보다도 중요합니다. 실제로 학대가 일어나는 동안에 가장 필요한 일은 아이를 가해자로부터 벗어나게 하는 것입니다. 그러나 이 시점에서도 아이는 정상적인 판단 능력이 저하되어 있는 경우가 많기에 시간을 들여서라도 상황을 이해시키고자 노력하면서 멘탈 케어를 하는 것이 필요불가결합니다.

그 외에는 같은 일이 반복되지 않도록 가해자 쪽의 치료나 정기적인 상태 확인도 중요합니다. 미래에 피해자가 가해자가 될지 모른다는 악순환을 끊어버리기 위해서라도 될 수 있는 한 빠른 단계에서 대처가 필요합니다.

다만 아동상담소가 이 모든 케이스에 대응하기에는 한계가 있기 때문에 애초부터 학대의 건수를 늘리지 않게 하려면 부모에 대한 계별 활동이나 올바른 육아 지식을 평소부터 널리 알리는 일이 중요합니다.

학대가 일어나는 가정은 빈곤하다는 등 복합적인 문제를 안고 있는 상황도 적지 않기 때문에 바로 문제가 개선되기란 어려울 것 같지만 미래의 아이들을 위해서라도 우리 모두가 마주해야 하는 문제라고 볼 수 있습니다.

3. 안티
: 인터넷에서 발견되는 안티의 집착증세는 무엇인가?

SNS나 블로그를 하면 특정인에 대해 욕하는 사람들을 보게 됩니다. 우리는 이런 사람들을 가리켜 '안티'라고 부르는데, 이 책에서는 안티를 '어떤 대상을 지독하게 혐오하고 매도하는 행위를 반복하는 사람'이라고 정의내리겠습니다.

일시적인 악플에 따른 욕설이나 막말은 포함하지 않고, 특정 상대만을 싫어해서 끈질기게 따라다니며 욕하는 사람을 전제로 합니다. 그렇다면 안티의 전 단계인 상대방을 싫어하게 되는 심리는 어떻게 생겨나는 것일까요? SNS 등에서 직접적인 접점이 없음에도 불구하고 사람이 누군가를 싫어하게 되는 심리에는 3가지 이유가 있습니다.

① 생리적 혐오

이것은 특별한 이유가 없음에도 생리적으로 받아들이기 힘들어서 싫어지는 심리입니다. 외모나 목소리, 동작 등 외형으로 판단해서 그런 감정을 느끼게 됩니다. 연예인처럼 대중들 앞에 나서게 되는 직업인들이 이런 이유로 미움을 받는 일이 많습니다.

② 가치관의 차이

자신과 상대방의 의견이 달라, 그 차이가 혐오로 바뀌면서 싫어지게 되는 패턴입니다. 이른바 취향이나 가치관이 맞지 않아 어울리기 힘든 상대입니다. 특히 정치가나 블로거, 비평가 등 자신의 의견을 주장하는 직업인들이 미움 받는 대상이 되기 쉽다고 볼 수 있습니다.

③ 질투

이것은 쉽게 알 수 있을 것입니다. 주목받고 있는 것만으로 이를 질투하는 사람이 있기 마련이기에 미움 받는 이유로는 가장 많지 않을까 싶습니다.

게다가 질투의 심리는 무의식 속에서 자신과 상대방을 비교할 때 일어나는 일이 많습니다. 예를 들어 '이 아이는 전혀 예쁘지 않은데 왜 인기가 많은 거야?' 같은 감정이나 음악을 좋아하는 사람이 '내가 더 좋은 곡을 만들 수 있을 것 같은데'와 같은 말이 이에 해당합니다.

이 3가지 요소 중 한 가지로 인해 싫어지게 되더라도 일반적인 사람이라면 일부러 안티 행위를 반복하는 일은 없습니다. 그렇다면 어떤 사람이 어떻게 안티로 발전하는 것일까요?

우선 그는 SNS나 게시판 등 많은 사람들의 눈길이 모이는 곳에 악의적인 욕설을 써 올립니다. 그것은 곧 상대의 사회적 평가를 끌어내리려는 행위에 해당됩니다. 대상의 성공이 마음에 들지 않기 때문에 조금이라도 평가를 끌어내리려고 아무 죄의식 없이 그런 짓을 저지르는 것입니다.

이런 현상은 특히 인생이 잘 안 풀린다고 느끼는 사람, 다시 말해서 자기부정감이 강한 사람이 보이는 전형적인 성향으로, 자신이 성장하는 것 대신에 상대방을 끌어내려서 서로의 차이를 매우려고 하는 것으로, 그런 행위에 찬동해 주는 사람이 있으면 마치 자신이 인정받고 있다는 느낌이 들어서 기분이 고양되는 심리입니다.

만약 자신이 현재 안티 행위를 하고 있다면 삶이 잘 안 풀려서 다른 사람들에게 화를 풀려고 하는 것은 아닌지 돌아보고 일단 제자리에 멈춰서 자신을, 그리고 세상을 바라보는 것이 중요합니다.

그런데 안티가 되는 사람들 중에는 원래 누군가의 팬이었던 사람도 상당수 있습니다. 한때는 마음을 주었는데 왜 그 사람의 안티가 되어버리는 것일까요? 그것은 상대로부터 인정받지 못했다, 무시당했다는 마음이 강해져서 애정이 혐오로 바뀌었기 때문이라고 볼 수 있습니다. 좋아하는 척도가 지나치게 강해지면 이상이 너무 높아져서 신격화하게 되는데, 그러다 보니 별것 아닌 한 마디나 행동에도 자신의 기대를 저버렸다는 절망감과 충격을 받아 그로 인한 스트레스를 상대에게 풀어버리는 것입니다.

이 경우의 안티는 상처받은 마음을 알아주길 원한다거나 자신의 존재를 알아주길 바란다는 마음이 강하기 때문에 반응하면 오히려 더 심각해지는 경우도 있습니다. 애정이 지나치게 강해진 결과, 안티가 될 가능성도 있기에 누군가를 좋아하게 되었더라도 지나친 맹신은 하지 않도록 주의해야 합니다.

인터넷이 첨단기술을 동반하며 계속 발달하고 있는 오늘날, 안티라는 행위 자체를 사라지게 하기는 어렵고 오히려 더욱 증가할 것이라는 게 전문가들의 의견입니다. 안티에 반응하면 오히려 그를 즐겁게 만드는 꼴이 되어 행위가 악화될 가능성이 있기에 기본적인 대응은 무시이지만 지속된다면 전문기관에 상담하는 등 의연하게 대응하는 것이 필요합니다.

수면시간보다는
수면의 질에 신경을 쓴다

하루 8시간의 수면이 좋다고 말하지만, 실은 몇 시간을 자는 것이 중요한 것이 아니라 자신에 맞는 수면시간으로 질 좋은 수면을 취하는 쪽이 중요합니다. 사람에 따라 적절한 수면시간이 다르기에 반드시 8시간 이상의 수면이 필요한 것은 아닙니다. 자신이 푹 쉬고 피곤이 풀렸다고 생각할 수 있는 시간이 적정 수면시간이라는 사실을 잊지 마십시오.

'몇 시간 이상 자지 않으면 안 된다'고 하는 강박관념이 오히려 불면증을 일으키거나 자신의 행동패턴에 영향을 끼칠 가능성이 큽니다. 사람에 따라서 음식을 먹고 만족하는 양이 다르듯이 수면도 자기 자신에게 알맞은 시간이 있습니다.

① 잠드는 시간보다 일어나는 시간을 의식하라

불면증으로 고생하는 사람은 자리에 눕는 시간이나 수면시간의 길이를 신경을 쓰는 경향이 있는데, 그 이상으로 중요한 것이 일어나는 시간입니다. 어느 연구 결과에 의하면 인간은 기상 시간에서부터 15~16시간 정도 후에 졸음을 느낀다고 합니다. 아침 8시에 일어나면 밤 12시쯤에 졸리게 된다는 계산입니다.

그러니 때에 따라서 잠드는 시간은 어긋날지라도 매일 같은 시간에는 일어날 수 있도록 신경을 씁니다. 그 습관이 몸에 배면 점차 같은 시간에 잠을 들 수 있게 됩니다.

② 짧은 시간이라도 낮잠을 활용하라

건강하다면 오후가 지나고 졸음을 느끼는 것이 정상적인 현상입니다. 졸음이 찾아올 때, 15~20분 정도 낮잠을 자면 피로가 회복되고 그 후의 행동 능력도 높아지기에 효과적입니다.

해외의 유명기업들 중에는 업무 능률을 올리기 위해 낮잠 시간을 적극적으로 권장하는 곳도 있을 정도입니다. 다만 현재 불면증을 겪고 있는 사람에게는 낮잠을 추천하지 않으니 주의하기 바랍니다.

목욕으로 체온을 올려서
릴렉스하라

체온은 수면의 질을 좌우합니다. 그 중에서도 주목해야 할 것은 몸의 표면온도가 아니라 뇌나 몸속의 심부체온core temperature 입니다. 사람의 심부체온에는 리듬이 있어서 활동적인 동안에는 높고 밤이 되면 손발에서 열이 빠져나가 몸을 차게 만듭니다. 잠들기 전에는 체온이 서서히 저하된다는 뜻입니다.

졸린 아기의 손발이 따뜻한 것은 심부체온을 몸의 표면으로 내보내기 때문입니다. 이를 통해 알 수 있는 것은 적절하게 체온을 저하시키는 것이 숙면의 포인트라는 사실입니다.

그를 위해 효과적인 것이 입욕입니다. 입욕으로 잠을 자기 전에 체온을 일시적으로 올린 후 체온이 저하되는 타이밍에 맞춰 잠자리에 들면 자연스럽게 강한 졸음이 쏟아짐을 느낍니다. 방법은 다음과 같습니다.

① 취침 1~2시간 전에 30~40도의 물로

천천히 체온을 내리는 것이 중요하기에 취침 1~2시간 전에 입욕하는 게 좋습니다. 입욕을 할 때는 38~40도 정도의 미지근한 물에 10~20분 정도 몸을 푹 담그도록 합니다.

미지근한 물에 몸을 담그면 부교감신경이 활발해져 몸이 안정되어 편안하게 잠자리에 들 수 있습니다. 그러나 42도 이상의 물에서는 교감신경이 활발해져 흥분상태가 되고 각성으로 이어지기 때문에 취침 전의 입욕 온도로는 맞지 않습니다.

② 입욕 후에는 몸의 긴장을 풀면서 휴식을 취한다

입욕을 끝낸 후부터 잠들기 전까지 1~2시간은 가볍게 스트레칭 등으로 몸에 긴장감을 풀어 잠들기 쉬운 상태로 만듭니다. 자기 전에는 스마트폰이나 컴퓨터 화면에서 나오는 블루 라이트를 멀리하는 것이 좋습니다. 블루 라이트는 눈에 보이는 빛 중에서 가장 파장이 짧은데 에너지는 강하다고 합니다. 눈이 블루 라이트의 자극을 받게 되면 뇌가 아침이라고 판단해서 수면을 촉진시키는 호르몬인 멜라토닌의 분비를 억제해 버립니다.

8장

정신질환
올바르게
이해하기

비슷한 것 같지만 너무나 다른
정신질환의 종류와 증상

젊은 세대도 무관하지 않는
알츠하이머 형 치매

고령화에 따라 빠른 속도로 늘고 있는 질환이 치매입니다. 고령화의 급속한 진행으로 일본의 경우, 치매환자는 더욱 늘어날 것이기에 2025년에는 65세 이상의 고령자 5명 중 1명꼴로, 다시 말해서 전체 인구 중에서 약 700만 명 정도가 치매에 걸릴 것이라고 추측되고 있습니다. [02]

---

[02] 우리나라의 경우 2017년 80세 이상 후기 고령인구는 전체 인구의 3%로 약 152만 8000명이며, 2030년에는 전체 인구의 5.7%로 증가하고 그 규모는 약 297만 7000명으로 예상된다(통계청, 2019)

수많은 종류의 치매 중에서 전체의 약 50%를 차지하는 것이 알츠하이머 형 치매입니다. 알츠하이머 형 치매에 걸리면 인지기능에 장애가 생깁니다. 인지기능에는 기억력만이 아니라 어휘의 이해력이나 인식력, 판단력이나 계산 능력도 포함되는데 이런 능력에 장애가 생긴다니 보통 문제가 아닙니다.

기억력 장애, 인지기능 장애, 판단력 저하 등의 증세가 나타나는 증상을 중핵증상中核症状이라고 부르는데, 일부 사람들에게는 주변증상이라고 하는 2차적인 증상까지도 포함되어 나타납니다. 주변증상의 예로서는 흥분하거나 배회하거나, 물건을 도둑맞았다고 믿는 망상을 하거나 기분이 우울해지거나 열의를 잃거나 하는 등 폭넓은 증상들이 나타납니다.

알츠하이머 형 치매는 고령자에게만 나타나는 병이 아니라 20대나 30대 등의 젊은 사람들에게 발병하는 경우도 있습니다. 이를 젊은 알츠하이머라고 하는데, 도쿄 건강장수의료센터의 조사에 의하면 2020년 시점에서 젊음에도 불구하고 치매에 걸린 사람이 약 3만 5천 명이고 과반수가 젊은 알츠하이머라고 합니다.

그런데 어떤 경우는 기초 질환이 없는 상태에서 돌연 발병되는 경우도 있기 때문에 치매는 고령자가 걸리는 병이라 믿으며 결코 안심할 수 없습니다.

현대의학으로는 치매를 고칠 수 없는 병이라고 합니다만, 의학의 진보에 의해서 그 진행을 늦추는 것은 가능합니다. 장래 치매에 걸리는 것을 비관적으로 생각해서 걱정하는 사람도 있는데 건강을 생각하며 식생활 개선, 적당한 운동, 뇌를 활발하게 하기 위해 새로운 일에 적극적으로 도전하는 등의 행동을 계속하면 치매의 위험은 줄일 수 있습니다.

또한 치매는 자신이 지금 당장 걸릴 병이 아니라고 하더라도 주위사람이 걸리면 매일 그 대응이나 간호 등으로 자신의 삶까지 힘들어질 가능성이 있습니다. 그럴 때 당황하지 않기 위해서라도 적절하게 대처법을 알아 두는 것이 중요합니다.

누구에게라도 일어날 수 있는
알코올 중독

알코올에 관련된 사고로 일어나는 사건이나 사고가 계속 뉴스를 장식합니다. 음주운전이 대표적이고 음주를 계기로 싸움을 벌인다든지, 심하면 강력사건을 일으키기도 합니다.

음주는 적절한 양을 마시면 커뮤니케이션을 원활하게 만들어 주지만 부적절한 알코올 섭취는 여러 가지 부작용을 일으킬 위험이 있고, 게다가 마시는 법을 잘못 익히면 중독에 걸릴 위험성도 있습니다.

중독은 음주량만으로 정해지는 게 아니라 술의 양을 스스로 조절할 수 없거나 사회적 문제로 발전하거나 이탈 증상이 나오는 등으로 진단이 됩니다. 술에 의한 사고나 주위사람들과 다툼이 자주 생긴다거나 마시지 않을 때는 손 떨림이나 어지럼증이 있고 불안감이 멈추지 못한다 등의 증상이 나타난다면 주의를 요합니다.

여기다 음주 습관이나 음주량, 그리고 정신적인 부하가 걸리는 등도 중독 형성에 관계합니다. 예를 들어 여러 사람이 함께 즐기기 위해 술을 마신다면 아무리 매일같이 마신다고 해도 중독이 될 위험은 낮은 편입니다.

그러나 중독이 되는 사람의 대다수는 평소의 고달픔이나 울분을 풀기 위해 술을 마시거나, 혼자 할 일이 없어서 마시는 사람이 많습니다. 술을 마시면 잠이 쏟아지기에 일시적으로 나쁜 일에서 벗어날 수 있다는 이유로 계속 음주량이 늘어 가면 몸도 마음도 알코올 없이는 살 수 없게 되고 급기야 알코올 중독으로 진행됩니다.

게다가 이러한 알코올 습관이 계속되면 결과적으로 문제를 일으키거나 주위에 폐를 끼치거나 하기 때문에 주위사람들로부터 미움을 받고 고독감이 높아져서 더욱 술을 마시는 상태에 빠질 가능성도 있습니다.

술로 나쁜 기분을 해소하려 한 것인데 술 때문에 문제가 생겨서 자기혐오에 빠지면 다시 술에 의존해서 벗어나려는 악순환이 생기고 마는 것입니다. 그렇게 되면 자기 자신의 힘으로 회복하는 일은 매우 힘들기 때문에 전문기관에서의 치료가 필요해집니다. 경우에 따라서는 금주를 위한 입원까지도 필요합니다. 강제적으로 술과 격리하는 기간을 만들고 금주 학습에 들어가 술과 거리를 두는 훈련을 받게 됩니다.

알코올 중독의 무서운 점은 알코올 자체는 위법이 아니기에 언제 어디서든 간단히 손에 넣을 수 있다는 것입니다. 중독은 자신의 의지에 기대는 것보다 의존하기 어려운 환경을 만드는 것이 중요한데, 위법 약물과는 달라서 어디에서든 간단히 접할 수 있기 때문에 완전하게 접촉을 끊는 것이 어렵습니다.

한 번쯤은 술을 끊을 수 있게 되더라도 그 후 계속 술을 끊는 것은 힘들고 고된 일입니다. 왜냐하면 한 번 중독이 되면 음주의 고양감을 뇌가 기억하고 있어서 소량이라도 마시게 되면 그것이 떠올라서 반복하기 쉬워지기 때문입니다.

알코올 중독의 치료는 간단하지 않아서 장기간에 걸친 노력이 필요한 일입니다. 그렇기에 더욱 올바른 알코올 지식이나 적절한 음주 방식을 다시 알아 두는 것이 중요합니다.

100명 중 1명이 걸리는
조현병을 아시나요?

조현병은 정신과 의사라면 우울증과 견줄 정도로 자주 만나는 질환으로, 인종에 상관없이 100~120명 중에 1명 꼴로 걸리는 정신질환으로 알려져 있습니다.

조현병은 분명 마음의 병이지만, 정확하게는 뇌의 병이라고 말할 수 있습니다. 뇌는 인간의 모든 활동을 받쳐주는데 신체기능은 물론 기쁨이나 슬픔 같은 감정, 사고, 시각, 청각 등의 오감

까지 모든 것을 담당합니다. 조현병에 걸리면 뇌기능에 장애가
생겨 그 결과 여러 증상이 나타납니다.

다만 뇌경색이나 뇌출혈 등 뇌의 실질적인 장애와는 달리 몸
에는 거의 증상이 나타나지 않고 원인도 알 수 없는 것이 특징
입니다. 뇌경색의 경우는 특정 부위의 혈관이 막혀서 몸에 마비
가 오는 경우가 있지만 조현병은 외견적인 변화도 보이지 않을
뿐더러 몸에 어떠한 변화도 나타나지 않습니다. 그렇기에 발병
초기에 발견하기가 어렵습니다.

조현병에는 특히 감각과 사고에 장애가 생기기 쉽습니다. 감
각은 일반적인 오감을 가리키는데 그 중에서도 문제가 생기기
쉬운 것이 청각의 변화, 즉 환청입니다. 이 환청이 문제가 되어
듣기 싫은 말이나 대화가 들린다고 말하는 경우가 많습니다. 귀
에서 소리가 들리는 것이기에 기분이나 행동에도 영향이 나타
나기 쉽습니다.

또 하나의 증상이 사고에 영향을 끼쳐 생기는 망상입니다. 이
또한 심각한 문제로 누군가 자기를 지켜보고 있다고 생각하는
주찰망상注察妄想이나 사람들로부터 미움을 받고 있다고 여기

는 피해망상 등 상당히 부정적인 쪽으로 망상을 하게 됩니다.

평소 사람들이 일상적인 대화에서 오고가는 망상과 결정적으로 다른 점은 조현증의 경우에는 나타나는 증상을 현실로 확신하고 있어 수정이 어렵다는 것입니다. 그 비현실적인 현상을 주변에서 아무리 수정해줘도 본인이 강하게 확신하고 있는 경우라면 주의가 필요합니다.

이 특징적인 두 가지 증상, 환청과 망상이 나타난다면 빨리 정신과를 찾아가도록 합시다. 특히 조현병은 10대~20대의 젊은 시기에 발병되는 경우가 많아 병이 진행되면 앞으로의 일상생활에 큰 악영향을 줍니다. 빨리 치료를 시작하면 그 만큼 증상도 억제할 수 있으므로 초기 발견, 초기 치료가 중요합니다.

잘 알고 있는 것 같지만 이해하기 어려운
우울증

정신과 질병 중에서 가장 접하기 쉬운 것이 우울증입니다. 우울증은 미디어에서 다루는 일도 많아서 어떤 질환인지 누구나 웬만큼은 알고 있을 정도지만, 한편으로는 오해하기 쉬운 부분도 많아 그런 점들을 자세히 설명하고 싶습니다.

우울증을 흔히 '마음의 감기'라고 표현하는데, 이 표현은 정신과 의사의 입장에서 보면 위화감을 느끼게 합니다. 마음의 감기라면 약을 먹고 푹 쉬면 자연스럽게 좋아질 것 같은 이미지가 있기 때문입니다.

그러나 우울증은 그렇게 간단한 질환이 아니고 재발이 반복되어 장기화하는 경우가 많은 골치 아픈 병입니다. 그러한 점에서 보면 우울증은 고혈압이나 당뇨병 같은 만성질환에 가깝지 않을까 싶습니다. 장기적으로 약을 복용하거나 생활 습관의 개선이 필요하기 때문에 마음의 감기라고 믿으며 가볍게 보지 않았으면 좋겠습니다.

우울증은 항우울증 약으로 치료한다고 믿는 사람들이 많은데, 항우울제는 뇌내의 신경전달물질의 밸런스를 맞추기 위한 것으로 물론 항우울제로 좋아지는 경우도 많지만 주위환경의 스트레스가 크게 관련하는 우울증은 회복되어도 원래 있던 환경으로 돌아가면 다시 재발하는 일도 있습니다. 항우울제는 어디까지나 우울 증상을 완화시키는 약일뿐 치료에 있어서는 스트레스 받는 환경이나 인물 등 근본적인 원인을 제거하는 것이 중요합니다.

또한 우울증이 발병한 계기를 스트레스라고 하면, 자신이 겪었던 힘들었던 일을 떠올릴 수 있겠지만 꼭 그렇다고 한 마디로 단정 지을 수는 없습니다. 예를 들어 주위사람의 화려한 삶이나 승진, 결혼이 계기가 되어 우울증에 걸리는 일도 있습니다. 힘든 일만 계기가 되는 것이 아니므로 무엇이 본인에게 있어서 스트레스가 되는지를 이해하고 공감하는 것이 필요합니다.

우울증은 마음이 약한 사람이 걸린다고 생각하는 사람이 많습니다. 특히 금방 우울해지거나 마이너스 사고를 가진 사람이 우울증에 걸린다고 생각하는 경향이 있습니다. 확실히 그런 사람들이 걸리는 경우가 있겠지만, 회사나 학교에서 리더로 활동하는 사람도 우울증에 걸리는 경우도 많습니다.

그런 사람은 사교적이고 밝은 성격인데도 주위사람들의 평가에 너무 신경을 쓴 나머지 혼자 있으면 숨이 막혀 오고 결과적으로는 우울해진다는 경우가 많으므로 개인의 특징이나 성격만으로 판단하지 않는 게 좋습니다.

우울증은 여러 요인들이 섞여서 발병되기 때문에 주위사람들은 단정 지어 결론내리지 않는 것이 중요합니다. 추측만으로 판단을 내리지 말고 어디까지나 당사자에게 무엇이 힘든지, 어떻게 느끼는지를 확실하게 관심을 기울이도록 해야 합니다.

유명 인사들에게도 많이 나타나는
양극성 장애

세상에는 별로 알려져 있지 않지만 정신과를 찾는 환자들 중엔 양극성 장애를 호소하는 사람들이 의외로 많습니다. 가수 머라이어 캐리가 양극성 장애임을 고백해서 주목받았던 사실을 기억하는 사람들이 많을 것입니다. 《인간실격人間失格》으로 유명한 작가 다자이 오사무太宰治도 양극성 장애로 고생하다가 끝내 자살했다고 합니다.

양극성 장애는 과거에는 조울증이라고 불린 병으로 조증과 울증의 상태를 반복하는 특징이 있습니다. 울증인 상태일 때는 일반적으로도 이해하기 쉽듯이 기분이 우울해지거나 식욕부진, 의욕저하 같은 증상들이 나타납니다.

한편 조증이란 갑자기 하이 텐션 상태를 보이는 것을 말합니다. 물론 살다 보면 하이 텐션이 되는 경우는 누구라도 경험하지만 양극성 장애 상태에서의 조증은 본래 자신의 기분보다 훨씬 동떨어진 하이 텐션이 지속되어 일상생활에 지장을 초래하게 됩니다. 예를 들면 며칠 동안이나 잠을 자지 않고 깨어 있거나 현실 감각을 잊어버리고 빚을 내어 쇼핑을 즐기거나 주변에 민폐를 끼치는 일들입니다. 확실히 평소와 다른 듯한 하이 텐션의 행동이 보일 경우라면 양극성 장애의 조증 상태라고 볼 수 있습니다.

의사들은 양극성 장애는 우울증과 비교했을 때 치료가 어려워 장기화되기 쉽다고 말합니다. 많은 양극성 장애의 경우 우울 상태에서 발견되기 때문에 애초부터 우울증이 있었던 것인지, 아니면 그냥 양극성 장애인 것인지 진단이 어렵습니다.

두 질환에 합당한 치료약이 다르기 때문에 잘못해서 우울증이라고 진단받으면 치료약을 먹어도 좀처럼 증상이 개선되지 않는 일이 일어날 수 있습니다. 따라서 우울증이라고 진단받고 치료를 계속해도 호전되는 데까지 시간이 걸리는 경우에는 양극성 장애를 의심해 볼 필요가 있습니다.

양극성 장애에는 I형과 II형, 두 가지 타입이 있는데 I형에서는 극단적인 하이 텐션이 나타나기에 구분 짓기가 쉽지만 II형은 조증 상태가 경도라 좀처럼 알아차리기 어렵습니다. 그래서 II형의 양극성 장애는 우울증과 헷갈리는 일이 많습니다.

조증 상태가 될 때는 기분이 좋아져서 스스로 치료하려는 의욕이 끓어오르지 않지만 그대로 방치해 두면 한 번에 우울 상태가 찾아올 가능성이 크기에 매우 위험합니다. 이 경우, 고양된 기분에서 우울 상태로 급하강하기 때문에 그저 우울 상태가 된 것보다도 위험이 커집니다. 그렇기에 기분의 폭이 큰 만큼 양극성 장애 쪽이 우울증보다도 자살률이 높습니다.

양극성 장애는 본인 스스로가 알아차리지 못하는 경우도 많아서 주변에서 빨리 알아내고 병원에 가도록 권해야 합니다. 주위사람들 중에 정기적으로 하이 텐션이 되는 사람이 있다면 주의 깊게 상태를 살펴보도록 합니다.

증상이 확실히 알려지지 않은
공황 장애

유명 연예인이 공황 장애로 휴식을 취한다는 뉴스를 들을 때가 있습니다. 공황 장애 자체의 인지도는 높지만 실제로 공황 장애에 대해 이해하고 있는 사람은 많지 않을 것입니다.

공황 장애에서는 공황 발작이라고 해서 돌연히 발작이 나타나는 것이 특징입니다. 공황 발작으로는 심장 두근거림, 식은땀, 몸의 떨림, 과호흡, 불안, 손발 저림, 구토, 현기증, 가슴 통증, 죽음에 대한 공포, 한기, 화끈거림 등의 증상이 스트레스나 피로가 계기가 되어 출현합니다.

이러한 공황 발작이 반복해서 일어나기 때문에 언제 발작이 일어나지 않을까 걱정하는 상태가 되면 공황 장애라고 진단을 받습니다.

공황 장애가 되면 발작이 일어나지 않을 때 '다음에 찾아올 발작이 걱정된다'는 문제가 생깁니다. 이것을 전문용어로 '예기 불안'이라고 합니다. 예기 불안 때문에 발작이 일어나기 쉬운 장소인 전철, 버스 안, 군중 속, 원거리 출장 등을 피하게 됩니다. 이것을 전문용어로 '광장 공포'라고 합니다. 광장 공포로 인해 집에서 나올 수 없게 되거나 행동이 제한되거나 해서 일이나 일상생활에 큰 지장이 생깁니다.

공황 장애의 치료는 약물 치료와 정신 치료를 병행하는 일이 많은데, 약물 치료로는 항우울증제나 항불안제를 사용해서 불안한 마음을 억제시킵니다.

그리고 정신치료에서 자주 쓰는 방법이 인지행동 치료입니다. 인지행동 치료란 간단히 말하자면 불합리한 생각을 수정하는 것입니다. 공황 장애의 경우, '발작이 일어나면 죽지 않을까?', '또 발작이 일어나지 않을까' 등 부정적인 생각을 하기 마련이기 때문에 그 생각들을 의사나 심리치료사와 같이 이야기하면서 조금씩 치료해 갑니다.

다음의 치료법은 조금은 과격한 조치로서 실제로 발작이 일어날 걱정을 하게 만드는 장소로 찾아가서 서서히 익숙하게 만드는 방법도 병행합니다.

예를 들어 만원 전철이 두려운 사람이라면 우선은 '역까지 간다, 비어 있는 전철을 탄다, 그 다음에는 조금씩 사람들이 많이타는 전철을 탄다'와 같이 조금씩 자극을 강하게 줘서 두려운상황을 극복해 나가도록 합니다. 그렇게 하면 불안감이 점차 가벼워져서 자신감을 갖게 되고 상태가 개선되어 갑니다.

공황 장애를 앓고 있는 사람은 100명 중 1명 정도라고 할 정도로 널리 퍼져 있는 질환입니다. 평소 생활에서 불안감이나 초조감을 자주 느끼면, 그것이 발작을 일으키는 계기가 되기 때문에 조급해 하지 말고 치료에 임하는 것이 중요합니다.

알고 있어도 그만둘 수 없는
강박 장애

누구나 집을 나올 때 한 번쯤은 '문을 잘 잠갔나?', '가스 불을 제대로 껐나?' 등등 자신의 행동에 대한 의문 때문에 불안감을 느낀 적이 있을 것입니다. 한 번이나 두 번 정도 확인하고 다시 나가는 경우라면 별 문제가 없겠지만 몇 번이나 반복해서 확인할 경우라면 어쩌면 강박 장애Obsessive-Compulsive Disorder 일지 모릅니다.

강박 장애는 강한 불안이나 공포, 집착으로 인해 일상생활에 장애를 일으키는 정신질환입니다. 강박 장애에는 특징적인 두 가지 증상이 있는데 하나는 강박관념, 또 다른 하나는 강박행위입니다.

강박관념이란 불합리하고 말도 안 된다는 사실을 알고 있으면서도 자꾸 머리에 떠오르는 생각들을 가리키는데 자신의 몸이나 물건이 더럽지 않을까 두려워하는 불결 공포, 문이나 가스 밸브, 수도꼭지 등을 제대로 잠그지 않은 것 같다고 생각하는 병적 관념, 자신이 누군가에게 위해를 가하지 않을까 두려워하는 가해 공포, 물건의 배치나 특정 숫자에 이상할 정도로 신경 쓰는 지나친 집착 등이 있습니다. 즉, 스스로 이상하다고 생각하면서도 머리에서 벗어나지 않는 생각이 바로 강박관념입니다.

강박관념에 빠지게 된 결과, 그것을 실제로 행동에 옮기는 것을 강박행위라고 합니다. 예를 들어 불결 공포 때문에 자신의 몸이나 손을 과도하게 씻는다거나 병적 관념 때문에 몇 번이나 현관문이나 가스밸브를 확인한다거나 지나친 집착 때문에 특정 행동을 하지 않으면 다음 행동으로 이어질 수 없는 것이 있습니다. 이런 증상들이 반복되어 일상생활에 악영향을 끼칠 경우, 정신과에서 상담하도록 해야 합니다.

강박 장애의 치료는 크게 두 가지로 나눠 약물 치료와 인지행동 치료가 있습니다. 강박 장애의 배경에는 강한 불안이나 기분의 저하가 많이 생기기 때문에 SSRI Selective Serotonin Reuptake Inhibitor 라 불리는 항우울증제로 그 증상을 완화시킵니다.

또 강박 장애인 사람은 '더러울지 모른다', '안 잠갔을지 모른다'는 불합리한 생각이 배경에 있기 때문에 인지행동 치료로 생각이나 느낌을 떨쳐버릴 수 있도록 행동을 억제하는 방법도 사용합니다.

불안이나 불쾌감을 느끼는 증상에 몸 상태를 끼워 맞춰 그것에 익숙해지도록 만드는 폭로반응 치료라는 치료법도 있습니다. '이전까지 10회 정도 손을 닦았다면 우선은 5회로 줄여서 익숙해진다, 그렇게 할 수 있으면 3회로 줄인다' 같이 단계적으로 불안에 익숙해져 가는 방법입니다.

강박 장애는 그냥 내버려두면 합병증으로 우울증까지 걸릴 정도로 증상이 심해지는 일도 많이 있습니다. 주위사람들이 쉽게 알아차릴 수 있는 특징적인 질병이기에 주위에서 알아차리게 되면 '전문병원에서 상담을 받는 게 좋지 않을까?'라고 말을 걸어주는 것도 치료에 도움이 됩니다.

마음에 깊은 상처를 담고 사는
PTSD

2011년 3월에 동일본 대지진이 발생해서 일본 국민이 충격을 받으며 슬픔에 잠겼었습니다. 그로부터 10년 이상의 세월이 경과했지만 아직도 4만 명이나 되는 사람들이 피난 중입니다. 여전히 피해자나 그들과 관련된 사람들 중에는 지금까지도 재해가 마음의 상처가 되어 남아 있습니다.

그래서 동일본 대지진을 떠올릴 때는 죽은 사람들이나 당시

피해를 입은 사람들뿐만 아니라 지금까지도 정신적으로 힘들어 하는 사람들이 있음을 잊어서는 안 됩니다.

이와 같은 재해나 사건 사고와 깊이 관련된 정신질환이 바로 PTSD Post Traumatic Stress Disorder 입니다. 번역하자면 '심적 외상 후 스트레스 장애'입니다.

심적 외상이란 생명이 위협을 당하는 상황, 주위사람의 죽음, 집단 따돌림, 성폭행 등 정신적으로 큰 스트레스를 받은 일을 가리킵니다. 그러한 심적 외상을 직접 경험하거나 보거나 듣거나 하는 일이 트라우마가 된 것이 PTSD의 본질입니다.

PTSD의 주된 증상은 시시때때로 심적 외상을 받았던 당시의 기억을 떠올리는 것입니다. 그 외에도 트라우마를 악몽으로 꾸거나 트라우마와 비슷한 상황에 놓이면 긴장하거나 고통을 느끼거나 하는 일도 있습니다.

그렇게 악몽처럼 떠올리는 것을 피하기 위해 비슷한 상황을 회피하는 것도 PTSD의 특징입니다. 특히 동일본 대지진처럼 대규모의 피해는 피해자의 수도 많았지만 그 만큼 PTSD로 힘들어 하는 사람도 많습니다. PTSD는 피해자 본인만이 아니라 구조를 도왔던 군인, 경찰관, 직접 관계는 없더라도 연일 뉴스

영상을 보던 시청자에게도 발병되는 일이 있습니다.

　힘든 일일수록 잊는 것이 어렵기 때문에 떠올리게 되는 것은 어쩔 수 없지만 새로운 생활에 순응하려고 하거나 자신의 심적 외상를 똑바로 마주하려는 사람들의 PTSD는 고치기 쉽다고 합니다. 어떤 방식의 트라우마가 있는 사람이라도 트라우마가 있음을 인식한 다음에 그것을 떨쳐내고 마주하고 미래나 앞으로의 생활에 대해 생각할 수 있게 되면 트라우마에 쉽게 사로잡히지 않게 될 것입니다.

　트라우마로 고통받는 사람에게 '지난 일이니까 이제 잊어버려라', '언제까지 매달려서 괴로워한들 어쩔 수 없지 않겠어?' 하는 식의 가벼운 말들을 건네는 것은 피해야 합니다. '그렇게 쉬운 일이 나는 왜 이렇게 어려운 걸까' 하며 오히려 자괴감에 빠지게 되고 더 심하게 발목이 잡힐 수 있으니 유의해야 합니다. 괴로워하는 사람에게는 그저 조용히 곁을 지켜주는 것만으로 용기를 줄 수 있기 때문에 말보다 마음으로 곁에서 지켜봐주는 자세를 보이는 것도 중요합니다.

마음과 몸이 따로 노는
해리성 장애

해리성 장애Dissociative Disorder 란 본래부터 분명 같이 존재하는 육체와 정신이 분리되는 병을 가리킵니다. 몇 종류의 정신질환 중에서도 꽤 신기한 증상이 나타나는 일이 많아서 소설이나 드라마에서도 가끔 등장합니다.

해리성 장애에서는 자아의 장애가 보입니다. 자아란 '나는 나'라고 하는 감각입니다. 해리성 장애는 학대나 트라우마 등 큰 스트레스로 인해서 일어나기 쉬운데 그것은 매우 힘든 일이 일어났을 때 무의식적으로 뇌가 힘든 체험을 자기 자신과 분리시키려고 하기 때문입니다. 그 결과 자아를 잃어버리고 마는 것입니다.

해리성 장애는 크게 세 가지로 나눌 수 있습니다.

첫째는 이인감異人感 이라 불리는 정신상태입니다. 이인감은 자기 자신이 마치 자신이 아니라고 느끼는 감각입니다. 이런 증상은 강한 스트레스 상황에 놓인 사춘기에 많이 나타나는데 이인감 때문에 생긴 불안이나 고통으로 일상 생활이 힘들어지는 경우가 많습니다. 유효하다고 할 만한 치료법은 아직 없지만 다행히 시간이 지나면서 생활이 조금씩 안정되면 그런 감각이 서서히 완화되어 갑니다.

둘째는 해리성 건망증으로, 분명히 기억하고 있던 정보인데 어느 순간 싹 잊어버리게 됩니다. 그러나 실제로 기억력에 문제가 있는 것이 아니라 대개의 경우 트라우마와 관련된 일들만 부분적으로 사라집니다. 자주 텔레비전 드라마에서 보는 '그때의 일은 아무것도 생각나지 않는다'고 하는 상태가 여기에 해당됩니다.

셋째는 해리성 동일성 장애로, 두 개의 인격이 한 사람 속에 존재하는 상태를 말합니다. 달리 말해서 다중인격이라고 하는 것인데 여러 가지 힘든 경험을 겪고 나서 본래의 자기 자신을 무의식적으로 지키기 위해 다른 인격이 나타나는 것이라고 볼 수 있습니다.

이는 트라우마를 타인의 일인 것처럼 떨어트려 놓음으로써 스트레스를 회피하려는 것입니다. 다른 인격이 나왔을 때는 그 동안의 기억을 깡그리 잊어버리는 일이 많아서 자기도 모르는 사이에 자꾸 이와 같은 일들이 생기면 본래의 자기 자신이 곤란해지는 상황도 있습니다.

  사람에 따라서는 외출했다가 어느 순간 원래 장소와는 전혀 다른 곳에 있는 경우도 있는데, 이것을 해리성 도주라고 합니다. 갑작스럽게 실종된 사람들 중에는 이 해리성 도주의 증상이 있는 사람들이 어느 정도 포함되어 있다고 합니다.

  해리성 장애는 평소라면 경험할 수 없는 증상들이 많기에 그 때문에 주위의 이해를 얻기 힘든 점이 있습니다. 주위로부터 거짓말쟁이라거나 무섭다는 말을 듣는 경우도 많기 때문에 더욱 환자의 고통을 증폭시킵니다. 여러분도 머리로는 이해할 수 없는 일이라도 우선 상대방의 말을 경청해서 그의 의견이나 생각을 존중하기 바랍니다.

특히 치료가 까다로운
거식증과 과식증

  사고의 왜곡이나 스트레스에 의해 식사량이나 식사 내용에 영향이 나타나는 정신질환을 섭식장애eating disorder 라고 합니다. 섭식장애는 신경성 식욕부진증과 신경성 과식증 두 가지로 나눌 수 있습니다. 신경성 식욕부진증은 다른 말로 거식증이라고 하는데, 마른 몸에 대한 갈망이 강해서 식사 제한이나 구토 등이 주된 증상으로 나타나고 환자의 대부분은 저체중이 됩니다. 반대로 신경성 과식증은 식사의 컨트롤이 되지 않아서 빈번하게 과식을 반복하는데, 체중을 신경 쓰는 사람도 많기 때문에 반드시 비만 체형이라고 볼 수는 없습니다.

정신질환 중에서도 특히 치료가 어려워서 중증이 되기 쉬운 것이 거식증입니다. 거식증의 진단 기준에는 체중과 신장으로 산출해서 비만도를 나타내는 BMI Body Mass Index 수치로, 말하자면 BMI 7.5 이하인 저체중, 비만에 대한 공포나 과도한 감량, 체중이나 체형에 대한 왜곡된 인식, 이 세 가지가 포함됩니다.

병적으로 마른 체형을 하고 있음에도 주위사람들의 평가와 본인의 평가가 달라서 다이어트를 반복할 때는 위험신호입니다. 또한 거식증이 되면 생리가 멈춰 버리는 일도 많으므로 생리가 6개월 이상 나오지 않는 경우도 주의가 필요합니다. 거식증에 걸리기 쉬운 사람의 특징으로는 다음과 같습니다.

• 젊은 여성

- 타인과 자기 자신을 쉽게 비교한다.
- 타인과 인식이 다르다.
- 완벽주의
- 콤플렉스가 강하다.
- 가정 내 갈등이 많다.
- 성격 장애를 안고 있다.

거식증이 무서운 것은 진행되다 보면 사망에 이를 수 있다는 점입니다. 연구 데이터에 의하면 거식증에 걸린 경우, 사망률은 10~15%라고 합니다. 젊은 여성이 마음의 병으로 인해 사망률이 10%대라고 하는 것은 매우 두려운 병이라고 할 수 있을 것입니다.

마른 사람에 대한 동경 자체는 그럴 수 있다고 보지만 거식증에 걸릴 경우 최악에는 죽을 수도 있다는 사실을 인지해야 합니다. 이상적인 체형에 가까워졌더라도 죽기라도 한다면 아무 의미가 없습니다. 정신과 의사로서 마른 체형을 칭찬하는 문화나 체형의 콤플렉스를 과도하게 부추기는 사회가 없어지길 바랄 뿐입니다.

거식증은 대개 살을 빼고 싶다는 바람을 이루는 게 목적인데 반해서 과식증은 여러 원인으로 나타날 수 있습니다. 예를 들어 가정이나 직장에서의 스트레스나 과로로 인해 폭식을 해서 과식증에 걸리는 일도 적지 않기 때문에 스트레스 해소를 위해 결국 과식하고 만다고 말하는 사람은 충분한 주의가 필요합니다.

과식증이라고 진단내리기 위해서는 평소보다 먹는 양이 많고, 또한 그것을 억제할 수 없다는 두 가지가 해당될 필요가 있습니다. 게다가 식사를 함에 있어서 빨리 먹는다, 힘들 정도로 먹는다, 확실히 많은 양을 먹는다, 공복이 아니라도 자꾸 먹는다, 식탐이 부끄러워 혼자 먹는다 등이 주 1회 이상 3개월을 넘어서 나타날 경우에는 과식증이라고 진단합니다.

과식증의 경우, 과식 후에 죄악감이나 후회로 체중을 줄이려고 구토나 설사제 복용을 하는 경우가 있어서 반드시 비만 체형이 아니라 오히려 마른 체형으로 보이는 사람들도 많다는 것을 기억해 두어야 합니다.

체형이 바뀌지 않더라도 먹고 토하거나 설사제 복용 등을 하고 있으면 몸에 문제가 생길 수 있으니 유의해야 합니다. 자기혐오로 인해 우울 상태가 되고 정신적인 면에서 궁지에 몰린다는 사람들도 많이 있습니다.

거식증의 경우, 체형의 변화로 주위사람들이 알아차릴 수 있지만 과식증은 체형의 변화가 적고 애초부터 본인이 과식하고 있음을 감추고 있는 경우가 많기 때문에 주위사람들은 과식증이라고 알아차리기 어렵습니다. 과식에 이르는 근본적인 스트레스를 해소하기 위해 멘탈 케어가 필요하므로 이런 증상이라는 자각이 생기면 빨리 정신과를 찾아 상담받아야 합니다.

다른 장애와 쉽게 병합되는
경계선 성격 장애

경계선 성격 장애는 성격 장애의 소분류에 포함됩니다. 애초 성격 장애란 생활에 지장이 생길 정도로 편향된 성격을 지닌 것이라고 볼 수 있습니다. 성격 장애에는 몇 가지 타입이 있는데 미국정신의학회의 진단 기준을 통해 10가지로 분류하고 있습니다.

• A군 기묘하고 유별난 타입

① **편집성 성격 장애**paranoid personality disorder : 광범위한 불신감이

나 시기심이 많다.

② 분열성 성격 장애 schizoid personality disorder : 비사교적이고 남에
대한 관심이 없다.

③ 분열형 성격 장애 schizotypal personality disorder : 화법이 유별나고
의사소통을 하는 데 있어 특이한 양상이 나타나 일반인의 눈에도
비정상적으로 비춰진다.

• B군 감정적이고 변덕스러운 타입

④ 경계선 성격 장애 borderline personality disorder : 감정이나 대인관
계에서 나타나는 불안정함, 충동 행위가 특징이다.

⑤ 자기애성 성격 장애 narcissistic personality disorder : 방만하거나 거
만한 태도를 보이고 자기평가에 강한 집착이 특징이다.

⑥ 반사회성 성격 장애 antisocial personality disorder : 반사회적이고
무턱대고 충동적인 행동이 특징이다.

⑦ 연극성 성격 장애 histrionic personality disorder : 타인의 주목을 받
으려고 화려한 모습으로 마치 연기하는 듯한 태도가 특징이다.

• C군 불안하고 내향적인 타입

⑧ 의존성 성격 장애 dependent personality disorder : 타인에 대한 과

도한 의존, 고독감을 견디지 못한다.

⑨ **강박성 성격 장애** obsessive-compulsive personality disorder : 융통
성이 없고, 일정한 질서를 유지하는 것에 집착한다.

⑩ **회피성 성격 장애** avoidant personality disorder : 자신에 관한 불안
이나 긴장감이 쉽게 드러나는 것이 특징이다.

이 중에서도 최근 주목을 모으고 있는 것이 '경계선 성격 장
애'입니다. 10대부터 20대 사이의 젊은 여성들에게 많이 나타
나고, 자해행위나 우울 상태를 동반하기 때문에 성격 장애 중에
서도 특히 정신과에서 다루는 일이 많습니다. 진단 기준은 다음
과 같은 9가지 항목 중에서 5가지 이상이 해당될 경우입니다.

버림받을까 불안하다	☐
불안정한 대인관계	☐
불안정한 자기의식	☐
충동성	☐
자해행위나 자살행위	☐
급변하는 감정 상태	☐

만성적인 공허감	☐
분노를 억제하는 데 곤란하다	☐
스트레스와 관련된 일과성의 망상이나 해리	☐

예를 들면 누군가와 사귀면 과도하게 상대방에게 의존하고 기분이 불안정해서 반복적으로 손목을 긋는 등 자해행위를 일삼는 경우입니다. 성격이 형성되는 유소년기의 생활환경이 크게 좌우해서 학대나 괴롭힘과의 관련성도 지적되고 있습니다만, 최근 연구에서는 유전적인 요인도 관계하고 있지 않은지 살펴보고 있습니다.

경계선 성격 장애의 문제는 심리적으로 불안정해진 결과 다른 장애와 쉽게 병합된다는 점입니다. 예를 들어 기분이 우울해져서 우울증에 걸리거나 의존성이 높아서 섹스나 알코올 같은 것에 중독이 되거나 과식, 구토 등의 섭식장애와 병합되는 경우도 있습니다.

특히 주의가 필요한 것이 복용약의 과다섭취나 자해행위입니다. 경계선 성격 장애의 70%가 자해행위를 동반한다고 합니다.

자해행위를 반복함으로써 그 자체에 의존하거나 경우에 따라서는 사망에 이르는 일도 있습니다.

최악의 사태를 불러일으키지 않기 위해서라도 정신과에 통원이 필요하지만 성격 장애는 사고나 성격을 약으로 고칠 수 있는 것이 아니기에 치료에 힘든 점도 많이 있습니다. 의사와의 궁합이 맞지 않아서 좀처럼 통원을 지속하지 않는 사람도 있습니다.

성격 장애인 사람에게는 자기 자신의 특성을 확실히 분석하는 것이 중요합니다. 언제 슬퍼지는지, 언제 화가 나는지, 언제 누구에게 의존하게 되는지, 언제 자해하는 지, 이를 미리 파악해서 대책을 세워 두면 갑작스럽게 기분의 변화가 일어나도 쉽게 휘둘리지 않게 됩니다.

그 다음은, 자해를 대신할 스트레스 발산법을 발견하는 것도 중요합니다. 노래방에서 큰소리로 노래를 부른다거나 좋아하는 음악을 엄청 큰소리로 듣는다거나 가볍게 운동이나 취미에 빠져보는 등 무엇이든 좋으니 자해를 하지 않도록 여러 조합을 만들어 두기 바랍니다.

경계선 성격 장애의 치료는 어렵기는 하지만 나이를 먹고, 시간이 경과해 감에 따라서 냉정함을 익히게 되면 진정되는 일도 적지 않습니다. 감정에 휘둘리지 말고, 오랜 기간 조급해 하지도 않으면서 천천히 개선해 가는 것을 목표로 합니다.

인간관계가 힘들어지는
자기애성 성격 장애

자기애성 성격 장애는 자기 자신을 너무나도 사랑하는 성격을 가리킵니다. 이 질환은 자기평가도가 매우 높아서 이른바 나르시스트 기질인 사람에게 많이 나타납니다.

그 뿐만이 아니라 주위사람들에 대한 공감성이 적거나 깔보거나 해서 마이너스 영향을 주는 경향을 보입니다. 또한 스스로 자기평가도는 높지만 주위사람들로부터 받는 평가에는 매우 취약해서 결점을 지적받아도 받아들이지 못하고 화를 내거나 합니다.

실제로 어드바이스나 가벼운 지적이라도 비판이라고 받아들여 귀를 기울이지 않고, 상대방을 공격 대상이라고 여기는 일도 있습니다. 이런 면이 있기에 인간관계가 좋지 않아서 본인 스스로 고민을 떠안게 되는 일도 많이 있습니다. 다음 9가지 특징 중 5개 이상이 충족되면 자기애성 성격 장애라고 진단받습니다.

자기 자신이 정말 소중하다고 여기는 확대된 감각, 성공, 권력, 아름다움 등의 공상에 자주 사로잡힌다.	☐
특별하고 독특하고, 특별한 사람만이 자신을 이해할 수 있다고 믿는다.	☐
과도한 칭찬을 원한다.	☐
자기 자신이 특권계급이라고 느낀다.	☐
대인관계에 있어서 상대방을 부당하게 이용한다.	☐
공감성이 결여되어 상대방의 기분을 알지 못하고, 알려고도 하지 않는다.	☐
자주 타인을 질투한다, 또는 자신을 질투한다고 착각한다.	☐
거만하고 방만한 행동이나 태도를 취한다.	☐

자기애성 성격 장애인 사람은 본인 스스로 이상하다는 것을 좀처럼 알아차리기 힘들기 때문에 직접 정신과 진료를 받으러 찾아오는 경우가 드뭅니다. 다만 때에 따라서는 인간관계의 악화 등으로 우울증 등이 같이 발병해서 정신과 진료를 받는 일은 있습니다.

이 질환 자체가 성격에 관한 문제이기에 처방약으로 개선될 수 있는 일이 아니므로 본인 스스로 자기애성 성격 장애일 수도 있음을 깨닫는 것이 치료의 첫 걸음이 됩니다.

만약 주위에 자기애성 성격 장애인 사람이 있는 경우, 그들의 언행을 흘려듣는 게 중요합니다. 자랑이나 비판에 신경 쓰거나 부정을 하거나 하지 않도록 합니다. 부정을 당하면 바로 반격할 가능성이 있기 때문에 적절한 거리감을 두는 것이 중요합니다. 자신에게 큰 스트레스가 되는 상대방과는 거리를 두고 멀리하는 것도 중요합니다.

현재 SNS의 발전이 원인이 되어 이 질환이 늘고 있지 않나 느껴집니다. SNS에서 자신의 매력을 발신하는 등의 자기애가 강한 듯 보이는 모습 자체는 어떤 잘못도 아니지만, 주위사람들의 의견을 듣지 않고 일방적으로 누군가를 깎아내리는 듯이 발신하는 사람도 자주 봅니다. 자기 자신에 대한 절대주의가 되지 말고 타인과의 관계성도 생각하며 행동하는 게 중요하다고 봅니다.

비교적 최근에 나타난
자폐 스펙트럼 장애 ASD

요즘 들어 '발달 장애'라는 말을 많이 듣게 됩니다. 발달 장애라면 어떤 이미지가 떠오릅니까? 커뮤니케이션이 서툴고, 분위기를 제대로 파악하지 못하고, 침착하지 못하다 등의 모습이 떠오르지만 사실 발달 장애란 여러 장애의 총칭일 뿐 발달 장애라는 병명의 환자는 없습니다.

그 때문에 여러 발달 장애 중에서 무슨 분류에 해당하는지 환자 본인의 특성이나 유소년기의 모습 등의 이야기를 들으면서 신중하게 판단해야 합니다.

최근에는 인터넷에서 발달 장애인지를 확인할 수 있는 체크리스트를 볼 수 있는 등 미디어에서 다루는 기회도 늘어서인지 자기 자신이나 자기의 자녀가 발달 장애가 아닐까 의심하는 경우도 늘고 있다고 합니다.

하지만 여러 장애의 총칭인 발달 장애라는 말에 사로잡혀 있을 것이 아니라 그 안에 어떤 환자가 포함되어 있는지를 자세히 알고 적절하게 대처하는 것이 중요합니다.

발달 장애에는 자폐증, 아스퍼거 증후군, 주의력 결핍, 과잉 행동성 장애ADHD, 학습 장애, 틱Tic 장애, 말더듬이 등이 포함되고 모두 태생적으로 뇌의 일부 기능에 장애가 있다고 하는 공통점이 있습니다.

여기서는 그 중에서도 대표적인 두 장애인 자폐 스펙트럼 장애ASD 와 주의력 결핍·과잉 행동성 장애ADHD 에 대해 설명하겠습니다.

자폐 스펙트럼 장애를 영어로 하면 ASD Autism Spectrum Disorder 라고 부릅니다. ASD는 정신과 역사에서도 비교적 최근에 나타난 개념으로 2014년 출판된《DSM-5 정신질환의 판단 및 통계매뉴얼Diagnostic and statistical manual of mental disorders. -American Psychiatric Publishing, Inc.》에서 처음 발표되었습니다.

지금까지는 발달 장애 중에서 자폐증, 아스퍼거 증후군 Asperger's syndrome, 소아기 붕괴성 장애, 광범성 발달 장애 등 제 각각의 질환으로 여겨져 온 것이 하나로 묶여져 자폐 스펙트럼 장애라고 쇄신된 것입니다. 왜 각각의 개념이 하나로 묶여졌는지 설명하기 위해서 스펙트럼이라는 단어에 대해 설명하도록 하겠습니다.

스펙트럼이란 무지개처럼 특정한 범위 안에 여러 가지가 포함된 것을 가리킵니다. 예를 들면 흰 색에서 검은 색까지 그라데이션gradation이 있을 때, 어디서부터 흑이라고 부를지 그 경계선이 확실하지 않습니다.

이와 마찬가지로 사람에게 농염한 차이는 있을지언정 특정한 성질을 가진 사람을 묶어서 ASD라고 부르도록 정한 것입니다. ASD의 진단 기준은 다음과 같습니다.

- 사회적 커뮤니케이션의 장애 : 다른 사람들과의 커뮤니케이션을 할 수 없고 분위기를 파악할 수 없다.
- 한정되고 반복된 관심, 행동, 활동 : 극단적으로 고집이 강하다, 같은 동작을 반복한다.
- 앞의 두 가지가 유소년기 때부터 나타났다.
- 그 증상들이 생활에 악영향을 끼친다.

앞서 설명한 대로 ASD 중에는 옅거나 진한 그라데이션이 있습니다. 전형적인 자폐증인 경우는 지적 장애나 극단적 행동의 반복, 제한이 눈에 띄지만 아스퍼거 증후군 등의 고기능 자폐증에서는 지적 장애는 없고, 오히려 지능이 높은 사람이 많은 것이 특징입니다. 이를 전부 한데 묶어서 ASD에 포합시킵니다.

따라서 ASD라고 진단받아도 사람에 따라서 증상의 차이가 꽤 있습니다. 덧붙여 말하자면 흑과 백 어디에도 속하지 않는 회색지대에 해당되는 사람이 압도적으로 많은 것도 특징입니다. 한 마디로 ASD라 해도 그 속은 여러 종류임을 기억해 두어야 합니다.

ADHD도 마찬가지인데 발달 장애는 일상생활에 악영향이 있는지 없는지가 진단 기준에 포합됩니다. 그저 커뮤니케이션이 서툴다거나 특이한 사람이라는 것만으로는 ASD라고 진단할 수 없음을 알아야 합니다.

ASD와 ADHD의 특징을 같이 가지고 있는 사람도 적지 않습니다. 그런 점에서 발달 장애라고 한데 묶어서 이야기하는 것이 어렵다는 사실을 알아야 합니다.

일상생활에 영향을 끼치느냐가 중요한
주의력 결핍·과잉행동성 장애 ADHD

발달 장애에 포함된 대표적인 또 하나의 질환이 '주의력 결핍·과잉 행동성 장애ADHD '입니다. ADHD로 인정되는 3가지 징후는 다음과 같습니다.

① 부주의 : 건망증이 많다. 집중할 수 없다, 정리정돈을 할 수 없다.

② 과잉행동 : 가만히 있지 못한다, 말을 뱉기 시작하면 멈추지 못한다, 순서를 기다리지 못한다.

③ 충동성 : 감정을 억누를 수 없다, 부적절한 발언을 한다, 충동구매가 많다.

독자 여러분 중에도 물건을 잊어버리는 일이 많고 가만히 있지를 못한다 해서 'ADHD가 아닐까?' 하고 걱정하는 사람이 있을지 모릅니다. 그러나 실제로 ADHD라고 진단되기 위해서는 위와 같은 증상들에 해당되는 것은 물론이고 다음과 같은 증상이 나타납니다.

12세까지 증상이 나타난다.	☐
증상이 두 가지 이상(학교와 집 등)의 환경에서 나타난다.	☐
다른 정신 장애로는 설명되지 못한다.	☐

증상이 사회적인, 학업적인 기능을 잃게 만들어 취업이나
기타 사회활동을 어렵게 한다. ☐

특히 중요한 것은 얼마나 일상생활에 영향을 끼치느냐 마느냐 하는 점이므로 아무리 증상에 해당되더라도 생활에 지장이 없으면 ADHD라는 진단을 받지 못하고 'ADHD의 경향이 있다'고밖에 볼 수 없습니다. 실제로 ADHD의 경향이 있는 유명인도 많아서 스티브 잡스, 토마스 에디슨, 모차르트 등은 ADHD의 경향이 있었다고 합니다. 다만 이들은 ADHD의 경향을 잘 살려서 성공한 경우라고 볼 수 있었는데, ADHD라고 정식으로 진단받지는 않았습니다.

일반적으로 학교에서는 같은 교실 안에서 같은 수업을 받고, 취직을 해서 같은 회사에서 오랜 시간 근무하는 것이 당연한 일이기에 ADHD인 사람에게 있어서는 매우 살기 힘든 세상이라고 할 수 있습니다.

그럼에도 최근에는 다양성이 중시되어 환경에 따라서 ADHD의 경향을 가진 사람이 쉽게 활약할 수 있는 사회가 되어 가고 있지 않나 생각됩니다. 따라서 ADHD의 경향이 있는 사람은 그

것을 하나의 개성으로서 살릴 환경을 찾는 것이 중요합니다.

발달 장애는 '장애'라고 하는 말이 포함되어 있기에 부정적인 이미지를 갖게 만들지만 조금씩 개성으로 살릴 수 있는 시대가 오고 있으므로 만약 진단을 받더라도 무턱대고 불안을 느낄 필요는 없습니다.

물론 ADHD의 경향에 따라 살기 힘들다고 느끼는 사람은 정신과에 상담을 하러 간다면 생활지도나 약물 치료 등의 치료에 의해 증상을 억제하는 일도 가능합니다. 또한 주위에 ADHD의 특징을 가진 사람이 있다면 그 특징을 이해하고 특성을 살릴 환경을 제안하는 것도 중요합니다.

부록

정신과 의사의 편지

맨탈 닥터 시도(Mental Dr sidow)가
알려주는 정신과 상담의 상식과 정보

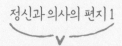
비극의 주인공이 되고 싶어 하는 사람들

한 사람의 정신과 의사로서 행복을 정의한다면, 인생에서 즐거움을 느끼는 시간이 어느 정도인가 하는 물음에 답할 수 있는 딱 그만큼의 수준이 그 사람의 행복이라고 생각합니다.

정신과를 찾는 사람들 중에는 '나는 너무 불행해서…', '나는 운이 나빠서…'라는 이야기를 하는 사람들이 무척 많습니다. 하지만 그들의 말을 유심히 들어보면 자신의 삶에서 불행이나 운이 나쁘다고 할 만한 부분을 크게 부풀려서 말하는 경향이 있습니다.

이야기를 듣다 보면 아무 문제없이 성장한 것 같은데 현재의 삶이 자신의 희망사항이 아니었다는 것만으로 자신을 불행한 인간이라고 낙인을 찍는 사람들이 많습니다. 그들은 대부분 자신을 불행한 영화의 주인공으로 만들고 주위사람들로부터 동정을 받고 싶다거나 걱정해 주기를 바라는 심리를 가지고 있습니다. 그런 사람은 주위사람들로부터 '힘들게 살고 있군요'라는 말을 듣는 것으로 자신의 존재감을 인정받기를 바라고 있는지도 모릅니다.

이런 사람에게 '아니오. 세상 사람들은 당신을 불행한 사람이라고 생각하지 않는데요?'라고 말하면 오히려 부작용만 커집니다. 그렇게 말하면 자신을 알아주지 않는다며 깊이 상처 받고 마음의 문을 닫아 버릴 것입니다.

정신과 의사로서 조언을 한다면 어떤 경우라도 기본은 공감으로부터 시작해야 합니다. 상대방이 아무리 말도 안 되는 이야기를 한다 해도 우선은 '그랬군요' 하고 공감을 해줍니다.

기본적으로 본인이 그렇게 느꼈다는 것이 현실이고, 거짓을 말할 리 없다고 한 번 인정해 주고 나서 '이런 생각도 있지 않을까?' 라든지 '혹시 혼자만 나쁘게 받아들이고 있는 건 아닐까' 하며 상대방의 감정을 일방적으로 부정하지 말고 이야기를 진행해 나가도록 합시다.

이런 경우에는 우선 상대의 의견을 충분히 들은 뒤에 심호흡을 한 번 하고 나서 자신의 의견을 말해야 합니다. 이때도 타인은 나와 다르다는 전제를 잊지 말아야 합니다. 타인과 가치관이 다르다는 것을 인식하지 못하는 사람일수록 상대의 의견을 일방적으로 부정하게 되는데 그러다 보면 결과적으로 논쟁이나 싸움으로 발전하는 경향이 많습니다.

예를 들어 대학입시를 코앞에 둔 고등학생이 갑자기 창업을 위해 진학을 포기하겠다고 폭탄선언을 하는 경우, 부모는 어떻게든 대학에 보내려고 '무슨 말을 하는 거냐?' 하고 일거에 부정해 버리는 경우가 있습니다. 그렇게 되면 아이도 반발하게 되고 서로의 의견이 평행선을 걷게 됩니다.

하지만 이럴 때에도 무조건 부정만 하지 말고 한 번 아이의 의견을 존중해서 귀담아들어 봅시다. 아이가 하는 말을 다 듣고 나서 천천히 말문을 엽니다.

"그렇구나. 그런 생각을 하다니, 참 고민이 많았겠구나. 하지만 나는 부모로서 이렇게 생각한다. 내 말에 네 의견은 어떠니?"

이런 식으로 확실하게 자신의 의견은 전달하면서, 상대방과 같은 눈높이로 대화를 나누는 태도를 보이는 것이 상대방을 설득하는 좋은 방법입니다. 그런 대화를 충분히 나누고 교감한 후에 두 사람이 상대의 입장을 생각하다 보면 이제까지는 없던 제3의 결론을 찾아낼 수 있을 것입니다.

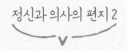

정신과 의사의 편지 2

스트레스란 무엇인가?

스트레스는 외부로부터 자극을 받았을 때 느끼게 되는 긴장 상
태를 말합니다. 외부로부터의 자극이란 날씨나 소음 같은 환경적
요인, 질병이나 수면부족 같은 신체적 요인, 불안이나 고민 등 심
리적 요인, 인간관계나 업무 등의 사회적 요인이 있습니다.

이때 마음은 마치 고무처럼 스트레스에 따라 본래 상태로부터
쭉 늘어나 있는 상태가 됩니다. 이것이 짧은 기간이라면 다시 원
래 상태로 돌아오지만 계속 늘어나면 정신적으로도 변화를 일으
키게 됩니다.

스트레스는 즐거울 때도 느낄 때가 있습니다. 너무 즐겁기 때
문에 무리를 하다가 어느 순간 스트레스를 받는 것입니다. 그것은
인간의 본질이기도 해서 밝고 건강해서 스트레스가 없는 듯 보이

는 사람도 사실은 지나치게 노력함으로써 스트레스가 가득 찬 상태에 빠지는 일도 있습니다.

노력한다는 것은 나쁜 일이 아니지만, 한도를 벗어나는 것은 역시 위험합니다. 게다가 본인은 스트레스를 자각하지 못하다가 나중에 알아차린 때에는 중도의 스트레스로 심신 모두 무너져 버리는 일 또한 있습니다.

그렇기에 자신의 한계를 알고 몸이나 마음이 요동치는 것에 주의를 기울이는 것이 매우 중요합니다. 노력할 때와 아무것도 하지 않을 때로 큰 차이를 반복하기보다는 항상 의식적으로 80%의 힘만 사용하고 피로를 느끼면 휴식을 취하는 적당한 신체 리듬을 유지하는 것이 정신적인 소모를 줄이는 이상적인 형태라고 할 수 있습니다.

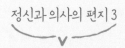

정신과 의사의 편지 3

최선을 다하지 않을 비법은 있나?

　주변을 돌아보면 직장의 선배나 후배들 중에 업무 능력이 월등한 것도 아닌데 어찌 된 까닭인지 선배나 상사들이 유독 좋아하는 사람이 있을 것입니다. 그런 사람은 거래처에서도 좋아하고 일도 특출나게 잘하는 것으로 보입니다.

　이런 타입의 사람에게 보이는 공통적인 경향은 바로 '싹싹하다'는 점입니다. 모르는 것이 있으면 '여기를 모르겠습니다'라고 솔직하게 주위사람들에게 묻고 어떻게 하면 좋은지 상대의 지시를 따름으로써 원활하게 일이 진행되도록 합니다. 그러니 선배나 상사도 그에게 부탁을 받으면 매번 흔쾌히 들어줍니다.

　뭐든 혼자서 해내려는 사람은 모르는 것이 생겨도 스스로 어떻게든 해결하려고 하다가 큰 실수를 낳는 경우가 있습니다. 신입사원이 지향해야 하는 점은 잘할 수 있는 인간이 되기보다는 솔직하게 주변의 의견을 듣고, 그 지혜를 흡수해야 하는 것입니다.

그렇기에 '싹싹하다'는 것은 상대방에게 부탁하기만 하는 것이 아니라 그것을 자신의 힘으로 바꾸어가는 스킬을 익히는 것입니다. 회사 같은 조직은 서로가 같이 격려하며 성장해 갈 수 있는 환경이 무엇보다 중요합니다. 조직의 일원으로서 혼자만 노력할 게 아니라 주위와의 관계성도 생각해 나가면 자연스럽게 자기 혼자 쓸데없는 노력을 하지 않아도 될 상황을 만들 수 있을 것입니다.

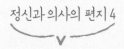

소질과 성격은 어떻게 만들어지는가?

소질이란 한 인간이 태생적으로 가지고 있는 성질이라는 의미로 정신적인 측면과 신체적인 측면 모두에 사용합니다. 반면에 성격은 선천적으로 가지고 태어나는 소질을 말하지만 후천적인 다양한 경험들이 더해져서 형성되는 특성을 말합니다.

소질은 부모와 다를 수도 있지만 성격은 부모가 가치관을 일방적으로 밀어 붙이는 듯한 환경에서 자랄 경우, 부모의 영향을 크게 받는 경우도 많습니다. 알기 쉽게 예를 들자면 부모가 먹는 것을 좋아하는 가정에서 자라면 아이도 역시 먹는 것을 좋아해서 가족 모두가 비만형이 되기 쉬운 경향을 보입니다.

그런데 부모와 자식이 혈연관계가 아니라고 보일 정도로 어느 쪽과도 닮지 않는 경우가 있습니다. 이것은 그 사람이 가지고 있는 소질이 무척 강하게 반영된 것이라고 볼 수 있습니다.

가족 중에서 나 혼자만 사고방식이 다르다는 위화감을 느낀다면, 그것은 태생적으로 주위로부터 영향받기 힘든 소질이라고 할 수 있습니다. 선천적인 소질에 후천적인 경험이 더해져서 한 인간을 형성한 성격은 유전과 가족환경에 영향받는 부분이 크지만, 그 정도는 사람에 따라서 여러 가지라는 사실을 알아두기 바랍니다.

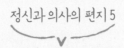

정신과 의사의 편지 5

공감은 하지만 동조는 하지 마라

정신과 병원을 방문하는 환자의 가족으로부터 '정신적으로 문제가 있는 가족의 이야기를 매일 들으며 생활하다 보니 나도 정신적으로 이상해지는 듯한데 어떻게 하면 좋을지 모르겠다' 는 상담을 받은 적이 있습니다.

독자 여러분도 친구나 가족 중에 조금이라도 부정적인 사람 이 있어서 그의 이야기를 듣고 있다 보니 그의 그늘진 마음에 서서히 동화되어 언젠가부터 자신도 모르게 우울감을 느끼는 경험이 있을 것입니다.

나의 경우는 원래 가지고 있는 성격 탓도 있겠지만 환자의 이야기를 들으면 공감은 하지만 동조는 하지 않습니다. 공감은 '상대방의 기분이나 감정을 이해하고 공유하는 것'이고, 동조는

'상대의 의견이나 주장, 태도에 진심은 반대더라도 자신의 언행을 맞추는 것'입니다.

이야기를 듣는 입장의 사람은 일방적으로 상대에게 맞출 것이 아니라 이야기를 들으면서 자신의 마음과는 거리두기를 해서 공감 정도에서 그치는 것이 중요하지 않을까 싶습니다.

당신이 만약 사람들로부터 자주 고민 상담을 받는 사람이라면 주위사람들의 이야기에 공감하는 것까지는 괜찮지만, 너무나 깊은 감정이입을 하게 되면 자신의 마음이 정리되지 않게 되는 일도 생깁니다. 그러니 객관적으로 이야기를 듣는 자세를 유지하자고 마음에 새기도록 합니다.

정신과 의사의 편지 6

∨

정신과 진단서로 장기 휴가를 받는다는 것

직장 동료가 정신과 진단서를 받고 휴가를 갔는데 그게 가능한 일인지 묻는 사람이 있었습니다. 정신과에서 우울증이라고 진단을 받으면 병가를 얻어 회사를 쉴 수 있지 않느냐고 묻는 사람도 있었습니다.

대답은 No입니다. 대부분의 정신과 의사들은 각자의 상황을 정확히 들은 다음에 진단을 내리고, 그 사람에게 맞는 적절한 대처를 하려고 노력합니다. 예를 들어 '일에 쫓긴다'고 말하는 사람이라도 말을 들어 보면 수면을 제대로 취할 수 없어서 집중력이 떨어져 실수를 연발하다가 업무 속도가 늦어져 피곤하다는 말을 들을 때가 있습니다. 이런 때 진단서는 내주지 않고 수면 지도만 해줍니다.

또한 우울증이라고 단정내릴 수는 없지만 적절하게 일을 쉬고

안정을 취할 필요가 있다고 판단된다면 안정을 취하는 적절한 방법을 안내할 뿐, 함부로 진단서를 써주는 경우는 드뭅니다. 요컨대 정신과 의사는 근본적인 요인에 어떤 접근 방식이 필요한가로 대응 방법을 맞추어 가는 것입니다.

그렇더라도 정신적으로 문제가 있는 것 같은데도 자기만의 판단으로 '아직 괜찮다', '주변에 미안해서 쉴 수 없다'고 생각하는 상황은 매우 위험합니다.

동시에 주위사람이 정신과에 다닐 경우에도 표면적으로 보고 판단해서 '정말로 그렇게 안 좋은 거 맞아?' 등 의심의 눈초리로 상대방을 몰아붙이는 일은 더욱 위험합니다.

자기 자신도 힘든 상황이라서 그 마음은 알 듯 하지만 상대방과 괴로움의 척도를 비교하거나 경쟁을 할 수는 없는 것입니다. 타인의 마음에 생긴 부하나 괴로움은 잴 수 없습니다. 보는 것만으로는 판단할 수 없기에 될 수 있는 한 객관적인 입장에서 평가하고 상대방의 심정을 이해하려고 하는 마음을 갖는 것이 중요합니다.

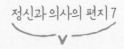

정신과 의사의 편지 7

일상에서의 말버릇이 삶을 좌우한다

사람의 행동 습관에는 스스로 깨닫지 못하고 행하는 일들이 많은데, 그 중에 아무렇지도 않게 내뱉는 말버릇에 그 사람의 사고 습관이 숨어 있다는 것입니다. 예를 들어 '어차피 나 같은 건……' 같은 자기평가를 끌어내리는 말을 자주 하는 사람은 자기긍정감이 낮다고 할 수 있습니다.

'절대로 ~하는 편이 좋다'와 같이 '절대', '반드시' 같은 말을 자주 하는 사람도 요주의입니다. 이런 경향이 있는 사람은 자신의 주관으로 사물에 대한 정의를 간단하게 내리기 쉬운 사람일지 모르기에 인간관계에서 마찰이 생길 위험이 높습니다.

반대로 '뭐, 어때?', '어쩔 수 없지' 같이 이미 일어나 버린 일을 빨리 받아들여서 흘려보내는 말을 사용하는 습관은 좋다고 생각합니다. 실패한 일을 계속해서 끌려다니지 않고 끝맺음이 빠른 사람은 고민이나 주저함에 쉽게 영향받지 않습니다. 아무리 어떤 일을 실패했다 하더라도 같은 일을 반복하지 않도록 반성하고 후회를 계속하지 않기 위해서 이런 말을 의식적으로 사용해 봅시다.

또한 곧바로 사과하는 습관이 있는 사람은 당장 말버릇을 고쳐 봅시다. 사람들에게 도움을 받았을 때 '미안합니다' 하고 반사적으로 말하는 사람이 있는데 그보다는 '감사합니다' 쪽이 올바릅니다. 언제나 '미안합니다'라는 말을 사용하면 정말로 사과하지 않으면 안 되는 상황일 때, 마음이 전달되지 않아 오해를 불러일으키게 될 수 있기에 의식적으로 '고맙습니다'라는 말을 많이 사용하도록 합시다.

누군가의 이야기에 곧바로 '아, 그거 알아!' 하고 동조하는 것도 그다지 추천하고 싶지 않은 말버릇입니다. 아무리 그와 비슷한 상황을 경험했다고 하더라도 그에 대해 어떻게 느끼고 대응했는지는 사람마다 다르기 마련인데, 그렇게 쉽게 동조하고 공감하는 것은 조금 이상합니다. 말하는 방식에 따라서는 '너무 간단하게 받아들이는군' 하고 느낄 수도 있습니다.

반대로 빠른 속도로 계속 말을 이어간 다음에 '내가 무슨 말하는지 알겠지?' 하고 묻는 태도도 좋지 않습니다. 앞뒤 맥락 없이 자기 혼자 이야기를 늘어놓고는 상대방에게 동의를 기대하는 것은 그로 하여금 '나를 무시하나?' 하는 느낌을 줄 수 있습니다.

그밖에도 예를 들자면 끝이 없지만 모든 말에 공통되는 것은 말을 내뱉었을 때 상대방이 어떻게 받아들일지 확실히 생각하고 나서 그 말을 하는 것이 중요하다는 사실입니다. 무의식적으로 나온 말버릇에 의해 본인도 모르는 사이에 상대에게 상처를 주는 일이 없도록 주의해야 합니다.

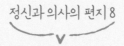

정신과 의사의 편지 | 8

상담자가 되었을 때의 주의사항

살다 보면 누군가의 상담자가 되어 그 사람에게 이런저런 조언을 하는 일이 제법 많을 것입니다. 그런데 상대방을 위한 조언이 훈계나 질타로 받아들여지는 경우도 있기에 누군가의 상담자가 되었을 때에는 주의가 필요합니다.

우선 자신의 의견을 말하기 전에 상대에게 '당신은 어떻게 하고 싶은가?'라고 확인하는 습관을 들이도록 합시다. 그래야 상대가 어떤 생각을 하며 조언을 구했는지, 상대의 의향을 엿볼 수 있기 때문입니다.

그런가 하면 상담이라고 표현만 했을 뿐 사실은 조언을 원하는 게 아니라 이미 자신은 결론을 내린 채 사람들이 자신의 의견을 찬동해 주기를 바라는 경우도 있습니다. 그렇기에 '어떻게 하고 싶은가?'라고 물어서 그의 생각을 알아보는 것이 중요합니다.

가끔은 진심으로 성의껏 조언을 했는데 전혀 그 뜻을 따라주지 않았다고 화를 내는 사람도 있는데, 그렇다면 단순히 당신의 조언이 상대가 원하는 내용이 아니었을 가능성도 생각해봐야 합니다. 그저 자신의 이야기를 들어주길 원했을 뿐이거나 사실은 처음부터 답이 나와 있는 케이스가 꽤 많습니다.

그 사람이 정말로 조언을 원하는지, 아니면 그저 자신의 결정을 지지해 주길 바라는지 이야기를 들으면서 구분하는 것이 중요합니다. 조언해 주기를 요구받더라도 실제로 조언대로 따를지 어떨지는 상대의 마음입니다. 따르지 않는다고 불만으로 생각할 게 아니라 상대의 선택을 존중하겠다고 마음의 여유를 갖도록 합니다.

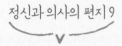

정신과 의사의 편지 9

정신과 의사는 사람의 마음을 읽을 수 있나?

정신과 의사는 사람의 마음을 읽을 수 있는지 묻는 사람들이 많습니다. 과연 그럴까요? 정신과 진료를 받는 사람들에 대해서 말해 보겠습니다. 정신과에 오는 사람들에게는 크게 두 가지 패턴이 있습니다. 하나는 스스로 곤란한 지경이라서 오는 패턴, 다른 하나는 주변 사람들로부터 추천을 받아서 오는 패턴입니다.

전자의 경우, 스스로 여러 이야기를 털어놓는 경우가 많기에 기본적으로 그의 말에 귀를 기울여주고 추가로 필요한 정보를 들려주다 보면 상대의 생각을 어느 정도 유추할 수 있습니다. 그러나 후자의 경우는 얼굴이나 그가 하는 말과 표정, 동작, 화법 등을 보면서 속내를 추측할 뿐입니다.

하지만 그마저도 상대방이 일반적인 상태로 진료를 받으면 할 수 있는 일입니다. 애초에 정신과 의사는 사람들의 거짓말을 알아내는 일을 하는 것이 아니기에 상대방이 처음부터 속일 생각으로 연기를 하면 거짓말을 알아차리지 못하는 일도 많습니다.

따라서 제가 부탁드리고 싶은 것은 정신과에 가게 되었을 때 부디 거짓말을 하지 말고 솔직하게 이야기를 털어놓아야 합니다. 정신과 의사가 하는 일은 마음을 읽는 것이 아니라 이야기를 듣는 것이며, 덧붙이자면 상대로 하여금 이야기를 꺼내게 하는 것입니다.

처음부터 거짓말을 한다면 환자와 신뢰관계가 생기지 않습니다. 진심을 이야기해 줄수록 신뢰관계는 깊어져서 보다 올바른 진단을 내릴 수 있기 때문에 정신과 의사에게 말할 때는 무엇이든 솔직하게 이야기해 주는 것이 정신적인 증상에 대한 해결로 이끄는 지름길이 됩니다.

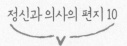

정신과 의사의 편지 10

수면의 질을 높이는 정신과적 비법

현대인의 약 20%가 불면증으로 괴로워하고 있다는 데이터가 있을 정도로 '푹 잘 수 없다', '잠자리가 불편하다'고 털어놓는 사람들이 많습니다.

지금 이 책을 읽고 있는 독자들 중에도 불면증이 고민인 사람이 있을 것입니다. 불면증을 호소하는 사람 5명 중 1명이 정신적인 측면에서도 문제가 있다는 데이터도 있을 정도로 불면증과 마음의 상태는 밀접하게 관련되어 있습니다. 따라서 불면을 해소하면 정신과적인 문제들은 자연적으로 해결된다고 말해도 과언이 아닙니다.

불면증을 치료하는 의사들이 하나같이 말하는 것이 있는데, 그것은 잠들지 않으면 안 된다며 억지로 자려고 하면 오히려 스트레스가 된다는 것입니다. 수면에 관한 연구는 계속 발전하고 있기

에 이제부터라도 올바른 수면 지식을 얻어 불면증 해소에 도움을
받기 바랍니다.

끝마치며

　의과대학에서 공부하면서 정신과를 목표로 하게 된 계기는 고등학교 시절 겪었던 동급생의 돌연사 때문이었습니다. 그는 나와 학급도 달라서 계속 함께 있다고 느낄 만한 사이는 아니었지만, 만나면 인사는 했고 둘이만 있을 때도 아무렇지도 않게 대화를 나누는 사이였습니다.

　평소에 항상 같이 지낸 것은 아니었지만 고등학교 3학년 봄 그가 자살했다는 것을 알았을 때, '그 친구가 갑자기 이 세상에서 사라졌다'는 사실에 커다란 상실감을 느꼈습니다.

　그는 학교에서 인간관계에 아무 문제가 없었고 특별히 왕따를 당하는 학생도 아니었기에 아무도 그가 스스로 목숨을 끊은 이유를 알지 못했습니다. 가정환경이나 공부에 대한 스트레스 등 그 밖의 이유들도 알 수 없었습니다. 결국 진짜 이유는 본인 밖에 모르는 상태였습니다. 나에게는 그때까지 친척이 한 분 돌아가신 일은 있었지만 아직 어렸기에 죽음에 대해 그렇게까지 현실적인 감각은 없었습니다. 그러나 동급생의 자살은 어린 나에게 큰 충격을 주었습니다.

친구의 죽음에 나 자신을 몰아붙이거나 행동을 후회하거나 하는 일은 없었지만 '그가 죽음을 선택하기 전에 누군가에게 상담할 수는 없었던 것일까?' '자살하지 않고 살아갈 수 있는 방법은 없었던 것일까?' 등의 생각으로 몇 날 며칠을 고민에 빠져 있었습니다. 해답 없이 의문이 맴돌기만 할 때 '사람의 마음'을 더 파헤쳐 보고 싶다는 생각이 어렴풋이나마 직업으로서 정신과 의사를 생각한 계기가 된 것 같습니다.

그때부터 정신과 의사가 되는 것을 구체적으로 생각하기 시작했고, 고등학교 3학년 때부터 필사적으로 공부를 시작하여 어떻게든 의과대학에 입학할 수 있었습니다. 그런데 문제는 의대에서는 정신과를 지망하더라도 정신과에 필요한 심리학이나 정신의학만이 아니라 해부학이나 생리학, 각 장기별 과목 등 여러 분야도 배운다는 사실입니다.

솔직히 많은 분야의 의학을 배우는 사이에 정신과 이외의 다른 과에 눈을 돌린 시기도 있었습니다. 6년 동안 대학에서 배운 뒤에 연수기간이 2년 동안 있었는데, 거기서는 내과나 외과, 산부인과, 소아과를 경험하기도 했습니다. 그러다 마침내 정신과에서 현장 근무를 경험하면서 정신과가 내 적성에 맞는다고 생각했습니다.

연수의로 정신과에서 근무하기 전에는 정신과에 입원한 대부분의 사람들이 오랜 시간 퇴원을 못한다는 이미지를 갖고 있었습니다. 그러나 현실에서는 한 달 정도의 연수기간 중에 상태가 개선되어 퇴원하는 사람들을 많이 지켜봤습니다.

물론 그렇지 않은 사람도 있었지만 2~3개월 이내에 퇴원할 수 있을 정도까지 개선되어 나가는 사람들이 대부분이었습니다. 입원 당시에는 죽고 싶다며 어두운 표정으로 호소했던 사람이 밝은 얼굴을 하며 퇴원하는 것을 보고 정신과 치료로 사람의 마음이 이렇게 바뀌는구나 하고 실감했던 것이 정신과 의사가 되라고 내 등을 떠밀었다고 느낍니다.

정신과 의사가 되기 전까지 나는 정상적인 사람과 정신과 진료를 받는 환자의 사이에 확실한 경계선이 있다고 생각했지만, 지금은 그런 선 따위는 있을 리 없고 그라데이션에 가깝다는 것을 실감하고 있습니다.

마음의 그라데이션은 누구라도 옅을 수도, 짙을 수도 있기 때문에 어느 쪽 방향에 편중되게 되더라도 그것은 전혀 이상한 일이 아님을 꼭 알아주시길 바랍니다.

정신과 의사로 일하다 보면 정신과 자체에 대한 편견이나 정신과 진료를 받는 환자에 대한 차별 같은 현상을 꽤 많이 보게 됩니다. 나 자신도 예전에 정신과에서 연수를 하기 전까지는 오해를 할 정도였으니 일반인들의 시선이야 당연한 일일 것입니다. 그러나 편견이나 차별의 눈을 거두면 얼마든지 그들을 한 사람의 인간으로서 나와 동등하다는 사실을 알게 될 것입니다.

이런 사정을 잘 알기에 나는 정신과에 대해 올바른 지식을 계몽함으로써 정신이나 정신과를 찾는 환자에 대한 오해를 조금이라도 털어내고 싶었습니다. 차별이나 편견이 사라져 정신과를 조금 더 가깝게 느낄 수 있다면 중증화되기 전에 분명 많은 사람들이 적절하게 치료를 받을 수 있지 않을까 생각합니다.

내과나 외과의 질환 같은 육체의 병은 나이를 먹음에 따라서 몸의 기능이 저하해가는 40대~50대부터 늘어가는 경향이 있지만 정신질환의 경우는 발병 시기가 10대나 20대인 경우도 많습니다. 아무리 수명이 늘어도 정신건강을 유지하지 못하면 아무 의미가 없으므로 젊은 세대를 향해서 자기계발이나 예방책을 알려주는 일은 매우 중요하다고 생각합니다.

그러나 아는 것만으로는 안 됩니다. 독자 여러분도 이 책을 통해 알게 된 것 중에서 할 수 있는 일은 적극적으로 행동에 옮겨 보시기 바랍니다. 잊어버리기 쉬운 지식도 몇 번이나 읽어 두면 자연스럽게 머리에 들어 와 있을 것입니다. 이 책으로 여러분의 마음이 조금이라도 편해질 수 있다면, 더 이상 기쁠 일은 없을 것입니다. 감사합니다.

"걱정거리의 92%는, 실제로 일어나지 않는다"

– 얼 나이팅게일(Earl Nightingale) 라디오 진행자, 작가

당신은
당신을
싫어하나요?

초판 1쇄 인쇄일 2022년 11월 10일
초판 1쇄 발행일 2022년 11월 18일
지은이 맨탈 닥터 시도
발행인 이지연
주간 이미숙
책임편집 김진아
책임디자인 김은주
책임마케팅 안병휘
경영지원 이지연
발행처 ㈜홍익출판미디어그룹
출판등록번호 제 2020-000332 호
출판등록 2020년 12월 07일
주소 서울시 마포구 독막로18길 12, 2층(상수동)
대표전화 02-323-0421
팩스 02-337-0569
메일 editor@hongikbooks.com

ISBN 979-11-9142-097-5(03190)